ADOLPHE JOANNE

GÉOGRAPHIE

DE

MAINE-ET-LOIRE

24 gravures et une carte

HACHETTE ET CIE

GÉOGRAPHIE

DU DÉPARTEMENT

DE

MAINE-ET-LOIRE

AVEC UNE CARTE COLORIÉE ET 24 GRAVURES

PAR

ADOLPHE JOANNE

AUTEUR DU DICTIONNAIRE GÉOGRAPHIQUE ET DE L'ITINÉRAIRE
GÉNÉRAL DE LA FRANCE

PARIS

LIBRAIRIE HACHETTE ET Cie

79, BOULEVARD SAINT-GERMAIN

1875

Droits de traduction et de reproduction réservés.

TABLE DES MATIÈRES

LISTE DES GRAVURES

PARIS. — IMP. SIMON RAÇON ET COMP., RUE D'ERFURTH, 1.

DÉPARTEMENT

DE

MAINE-ET-LOIRE

I

Nom, formation, situation, limites, superficie.

Le département de Maine-et-Loire doit son *nom* à ses deux principaux cours d'eau : la Maine, grande rivière qui baigne Angers, et la Loire, fleuve considérable qui reçoit la Maine à huit kilomètres au-dessous d'Angers.

Il a été *formé*, en 1790, aux dépens de l'**Anjou**, une des provinces qui constituaient alors la France.

Il est *situé* dans la région occidentale de la France : un seul département, celui de la Loire-Inférieure ou celui de la Vendée, le sépare, à l'ouest, de l'Océan Atlantique ; un seul aussi, l'Ille-et-Vilaine, le sépare, au nord, de la Manche, tandis qu'il faut traverser cinq départements dans la direction du sud, pour atteindre la frontière de l'Espagne ; six dans la direction du sud-est, pour atteindre le littoral de la Méditerranée ; sept dans la direction de l'est-sud-est, pour gagner la frontière d'Italie, et autant vers l'est, pour arriver à la Suisse ou à l'Allemagne. Trois départements seulement, Sarthe, Eure-et-Loir, Seine-et-Oise, le séparent de Paris, et son chef-lieu, Angers, est à 308 kilomètres de Paris par le chemin de fer, à 260 seulement en droite ligne. Il est traversé ou plutôt

longé, et par endroits coupé par le 47ᵉ degré de latitude septentrionale sur les frontières des Deux-Sèvres et de la Vendée :
il est donc situé dans la zone essentiellement tempérée, presque à égale distance du Pôle et de l'Équateur, séparés l'un de
l'autre, comme on le sait, par 90 degrés ou par un quart de
cercle. Enfin il est coupé, à quelques kilomètres à l'ouest
d'Angers, par le troisième degré O. du méridien de Paris.

Le département de Maine-et-Loire est *borné* : au nord, par
ceux de la Mayenne et de la Sarthe ; à l'est, par celui d'Indre-
et-Loire ; au sud-est, par la Vienne ; au sud, par les Deux-Sèvres et la Vendée ; à l'ouest, par la Loire-Inférieure ; à l'angle
nord-ouest, par l'Ille-et-Vilaine. Ses limites sont le plus souvent tout à fait conventionnelles, c'est-à-dire tracées à tra-
vers champs et non formées par des obstacles naturels, tel
que mer, montagne ou rivière ; toutefois il a aussi, çà et là,
des frontières naturelles : notamment le lit de la Loire, d'Ingrandes au confluent de la Divatte (limite avec le département
de la Loire-Inférieure), et le cours de la Sèvre Nantaise en
amont de Torfou (limite avec le département de la Vendée).

Sa *superficie* est de 712,563 hectares : sous ce rapport,
c'est le seizième département de la France ; en d'autres termes, il n'y en a que quinze de plus étendus. Sa plus grande
longueur — du nord-est au sud-ouest, du point où se rencontrent à la fois l'Indre-et-Loire, la Sarthe et le Maine-et-Loire, au
nord-est de Broc (canton de Noyant), jusqu'à l'endroit où la
Moine passe définitivement dans la Loire-Inférieure, à l'ouest de
Saint-Crépin-en-Mauges (canton de Montfaucon), — est en ligne
droite d'environ 125 kilomètres ; dans le sens opposé, du
nord-ouest (canton de Pouancé) au sud-est (canton de Montreuil-Bellay), la distance n'est inférieure que de quelques kilomètres ; de l'est à l'ouest, de l'entrée de l'Authion à la sortie
définitive de la Loire, on compte 110 kilomètres environ, et du
nord au sud, de 40 à plus de 80, suivant la ligne que l'on
choisit ; enfin son *pourtour* est d'un peu plus de 500 kilomètres, en ne tenant pas compte d'une foule de sinuosités
secondaires.

II

Physionomie générale.

Le Maine-et-Loire n'est pas un de nos départements montagneux, mais il est cependant accidenté, surtout dans sa moitié méridionale, qui s'étend de la rive gauche de la Loire aux frontières des Deux-Sèvres et de la Vendée.

Tandis que dans la moitié septentrionale, les collines les plus hautes atteignent à peine 100 ou 110 mètres, et le plus souvent n'en ont pas 80, il y a dans la moitié méridionale des coteaux qui dépassent 200 mètres. C'est donc là que se dresse le sommet culminant de tout le département, la colline des Gardes.

La **colline des Gardes** s'élève à l'est de la route de Chalonnes à Cholet, au sud de Chemillé, au-dessus du village de Saint-Georges-du-Puy-de-la-Garde. Sa hauteur est de 210 mètres au-dessus du niveau de la mer, ce qui fait juste cent mètres de plus que le sommet le plus élevé du nord du département (entre Saint-Michel et la Potherie, au sud-est de Pouancé).

Cette altitude de 210 mètres, trois fois plus considérable que celle de la plus haute des tours de la cathédrale d'Angers, est environ vingt-trois fois plus petite que la hauteur du Mont-Blanc, en Savoie : le Mont-Blanc (4,810 mètres) est d'ailleurs la plus grande montagne, non-seulement de la France, mais encore de l'Europe, non compris le Caucase, qui est du reste une chaîne asiatique autant qu'européenne.

Deux autres cimes atteignent presque l'élévation de la colline des Gardes : l'une, le coteau de Saint-Paul-du-Bois, au sud-sud-ouest de Vihiers, a 208 mètres ; l'autre, le coteau de la Salle-de-Vihiers, au-dessus de la route de Vihiers à Chemillé, en a 205. Comme la colline des Gardes, les coteaux de Saint-Paul et de la Salle appartiennent à l'une des deux natures de terrains qui se partagent le département. « Si l'on jette les yeux, dit l'auteur de la *Statistique de Maine-et-Loire*, M. de Beauregard, sur une carte géologique du département, on voit qu'en faisant passer par Angers une ligne droite tirée du nord-ouest au sud-est, on divise le pays en deux parties à peu près égales : » au sud-ouest de cette ligne on trouve les granits, les feldspaths, qui sont précisément la roche formant les trois principales collines de Maine-et-Loire, les terrains de transition, si bien que cette moitié du département se relie, par la nature de ses roches, d'une part à la Vendée, de l'autre à la Bretagne. Au nord-est de cette ligne, on rencontre les schistes où s'exploitent les ardoises d'Angers, les calcaires, les craies (répandues surtout dans le pays de Saumur), les terrains tertiaires, qui composent pour une grande part les arrondissements de Saumur et de Baugé. Comme le comporte la nature des roches, la moitié du département, composée de granit, de feldspath et des terrains métamorphiques ou de transition, est plus accidentée, plus boisée, plus fraîche, plus riche en sources et en ruisseaux que celle où règnent le schiste, le calcaire, la craie et les couches tertiaires. Les collines, avons-nous dit, y sont plus élevées, les vallées y sont plus profondes, plus resserrées, plus tortueuses ; les bois, les haies touffues, d'où souvent s'élancent des arbres, y arrêtent à chaque instant la vue et font de cette contrée un *Bocage* (nom qu'on lui donne quelquefois, comme à une région contiguë de la Vendée et à un petit pays de la Normandie). C'est là que commença la fameuse guerre de Vendée, et peu de terrains se prêtent mieux aux embûches, aux surprises, aux escarmouches, à l'attaque subite, à la fuite par groupes ou par homme, en un mot à tout ce qui constitue la guerre de partisans.

Le Maine-et-Loire, ayant un grand fleuve et beaucoup de rivières, possède naturellement de larges et fertiles vallées au sol d'alluvion : la plus vaste comme la plus féconde, en même temps que la plus peuplée et la plus agréable à visiter, est celle de la Loire, dont la largeur n'est jamais inférieure à deux kilomètres et atteint quelquefois huit kilomètres. Le fleuve, généralement d'un lit très-large (mais ce lit est plein d'îles et trop peu profond pour que la navigation y soit facile), y coule au

milieu de campagnes verdoyantes, bien cultivées, égayées de
villes, de villages et de châteaux, mais monotones d'aspect
là où les flots de la Loire ne viennent pas frapper le pied des
collines comme aux environs de Saumur, de Gennes, de Saint-
Florent-le-Vieil et de Champtoceaux.

III

Cours d'eau.

Tout le Maine-et-Loire appartient au bassin du fleuve auquel
le département a dû la seconde moitié de son nom. En d'autres termes, toutes ses sources, tous ses ruisseaux, tous ses
fossés d'écoulement se dirigent directement ou indirectement
vers la Loire.

La **Loire** est le plus long des fleuves de la France, et, dans
toute l'Europe, il n'y a guère que douze ou treize fleuves qui
aient un cours plus étendu, et dix seulement qui soient l'ar-
tère d'un bassin plus vaste.

Sa longueur dépasse mille kilomètres et son bassin s'étend
sur onze ou douze millions d'hectares, ce qui ne fait pas
le quart de la France entière, mais ce qui en fait plus du
cinquième.

Ce fleuve naît à moins de 150 kilomètres de la Méditerranée,
mais il vient se jeter bien plus loin dans l'Océan. Sa première
source, bien faible, jaillit à 1375 mètres au-dessus des mers, dans
le département de l'Ardèche, sur le flanc d'un volcan éteint, le
Gerbier-de-Jonc, haut de 1,562 mètres. D'abord elle coule au
nord, jusque vers Digoin, puis au nord-ouest, jusque vers Gien
et Orléans, où elle tourne à l'ouest, direction qu'elle garde jusqu'à la mer. De sa source à son entrée dans le département de
Maine-et-Loire, elle longe ou traverse dix départements : l'Ardèche, la Haute-Loire, la Loire, Saône-et-Loire, l'Allier, la
Nièvre, le Cher, le Loiret, Loir-et-Cher et Indre-et-Loire.
Les principales villes qu'elle baigne dans ce long trajet ou

qu'elle laisse à quelques kilomètres seulement sur la gauche
ou sur la droite sont : le Puy-en-Velay, Saint-Étienne-en-Forez,
Roanne, Nevers, Cosne, Orléans, Blois et Tours. Enfin ses
grands affluents, toujours jusqu'à l'entrée en Maine-et-Loire,
sont l'Arroux, l'Allier, le Cher, l'Indre et la Vienne, le second et la dernière beaucoup plus importants que les trois
autres.

Toutefois, lorsque la Loire atteint la frontière de Maine-et-
Loire, juste au-dessous du confluent de la Vienne, elle ne roule
point un volume d'eau proportionné à la longueur de son
cours, au nombre de ses affluents, à l'étendue de son bassin.
C'est, malheureusement, une de ces rivières mal réglées qui
sont terribles à la suite de fortes pluies et comparativement
très-faibles en temps de sécheresse. De même que la Loire
peut rouler dans ses grandes crues dix mille, douze mille,
peut être quinze mille mètres cubes d'eau par seconde, en d'autres termes dix millions, douze millions, quinze millions de litres, de même aussi on l'a vue ne débiter que 24 mètres cubes
ou 24,000 litres devant Orléans après une sécheresse prolongée,
à l'état d'*étiage*, comme on dit communément. Hâtons-nous de
dire qu'une pareille pauvreté d'eau est exceptionnelle, et que,
même en temps d'étiage, le fleuve roule généralement plus de
30 mètres cubes à la seconde devant Orléans, et sans doute plus
de 50 lorsqu'il atteint le Maine-et-Loire, après s'être grossi du
Cher, de l'Indre, et surtout de l'abondante Vienne.

La Loire étant officiellement navigable depuis la Noirie,
c'est-à-dire depuis les environs de Saint-Étienne, tout à fait
dans la partie supérieure de son cours, l'est à plus forte raison
à son entrée en Maine-et-Loire. Mais l'irrégularité de ses eaux
cause un grand tort à la navigation ; en été il n'y a, sur divers
points, que 65 centimètres de profondeur entre l'embouchure
de la Vienne et celle de la Maine, et que 75 centimètres de
l'embouchure de la Maine à Nantes. A partir de cette dernière
ville le fleuve, grossi par la marée, porte des navires qui ont
traversé l'Océan ; mais ces navires ne doivent pas caler plus de
3^m,30 à 3^m,50, parce que le lit de la Loire est encombré par

des bancs de sable et des seuils peu profonds entre Nantes et
l'Océan Atlantique.

La Loire a dans le département de Maine-et-Loire un cours
d'un peu plus de 80 kilomètres jusqu'à Ingrandes, puis elle
lui sert de limite encore sur une quarantaine de kilomètres, la
rive gauche continuant d'appartenir au Maine-et-Loire, la rive
droite faisant partie de la Loire-Inférieure. Large de 500 mètres, souvent plus, mais rarement contenue en un seul bras et
formant au contraire beaucoup d'îles, elle y baigne un chef-

Les anciens ponts de Cé.

lieu d'arrondissement, Saumur, et cinq chefs-lieux de canton, Gennes, les Ponts-de-Cé, Chalonnes, Saint-Florent-le-
Vieil et Champtoceaux. C'est au confluent de la Divatte, toute
petite rivière, qu'elle passe définitivement dans le département
de la Loire-Inférieure pour y rencontrer Ancenis et Nantes, s'y
transformer en un estuaire large de trois à quatre kilomètres,
passer devant Paimbœuf et se jeter dans l'Atlantique devant
Saint-Nazaire, grand port de commerce en relations très-sui-
vies avec l'Amérique.

La Loire reçoit, sur le territoire du département, le Thouet, l'Authion, la Maine, l'Aubance, le Layon, la Rome, l'Èvre, la Divatte. En outre, l'Erdre, qui se perd dans le fleuve à Nantes même, a son cours supérieur en Maine-et-Loire, tandis qu'une autre rivière, qui a aussi son embouchure à Nantes, la Sèvre-Nantaise, côtoie quelque temps le département, et en reçoit deux tributaires, la Moine et la Sanguèse.

Le **Thouet**, rivière d'une certaine importance, dont le cours dépasse 130 kilomètres, a ses sources et presque tout son cours dans le département des Deux-Sèvres, où il naît au sein des collines boisées de la Gâtine, et baigne diverses villes, dont les plus notables sont Parthenay et Thouars. Il entre en Maine-et-Loire au-dessus de la pittoresque ville de Montreuil-Bellay, où il devient navigable pour les bateaux de 30 à 50 tonnes, reçoit la Dive, baigne le côté de Saumur opposé à celui que longe la Loire, et se perd dans le fleuve, rive gauche, à 4 kilomètres en aval de ce chef-lieu d'arrondissement. Son cours dans le département est de 30 kilomètres. Son débit est de 450 litres par seconde à l'étiage, et de 280 mètres cubes en grande crue. Son affluent, la *Dive*, rivière assez abondante, canalisée et navigable pour des bateaux de la même jauge que ceux du Thouet, tire ses eaux de fontaines abondantes du département de la Vienne et de celui des Deux-Sèvres, et, sur un cours de 70 à 80 kilomètres, n'en a guère que 15 ou 16 appartenant au Maine-et-Loire, par les deux rives ou comme limite avec le département de la Vienne. Elle roule 50 litres d'eau par seconde à l'étiage et 20 mètres cubes en grande crue. — L'*Ouère*, tributaire de l'Argenton, qui, lui-même, est un des grands affluents du Thouet, a ses sources au sud-ouest de Vihiers.

L'*Authion*, fort long mais peu abondant, est, dans une grande partie de son cours, un large fossé plutôt qu'une rivière. Né dans le département d'Indre-et-Loire, il n'est séparé de la Loire, vers Bourgueil, que par quatre ou cinq kilomètres de plaine; mais, au lieu de traverser cette plaine et de se jeter dans la Loire, il tourne à angle droit vers l'ouest, et se met à suivre le fleuve pendant une soixantaine de kilomètres, à une distance variant de 2,500 à 6,000 mètres. Il passe à Vivy, où il est censé devenir navigable, près de Beaufort-en-Vallée, de Mazé, de Trélazé, et tombe dans la Loire, rive droite, aux Ponts-de-Cé, après un cours de 100 kilomètres. Son débit par seconde est de $22^m,650$ cubes en grande crue, et de 50 litres à l'étiage. Il reçoit le Lathan et le Couasnon, tous deux à droite. Le *Lathan*, long de plus de 50 kilomètres, a ses sources dans l'Indre-et-Loire; il baigne Longué; le *Couasnon*, beaucoup plus court, traverse Baugé. On a faussement affirmé que l'Authion inférieur n'existait pas autrefois, que la dépression qu'il occupe

Montjean.

était remplie par la Loire, tandis que, dans le lit actuel du fleuve, coulait la rivière de la Vienne.

La **Maine**, l'une des grandes mais des moins longues rivières de France, sinon la plus courte, est formée par l'union de trois cours d'eau considérables, la Mayenne, la Sarthe et le Loir, qui se rencontrent au nord et près d'Angers.

La **Mayenne**, la plus courte, mais non la moins abondante de ces trois rivières, n'a pas tout à fait 200 kilomètres de développement. Elle naît dans les petites montagnes de la forêt de Multonne, hautes de 417 mètres (Orne), traverse le département

auquel elle a donné son nom, et y baigne Mayenne, Laval et
Château-Gontier. Dans le Maine-et-Loire, où sa longueur, détours
compris, approche de 40 kilomètres, elle ne baigne que des
villages et des bourgs dont pas un seul n'est un chef-lieu de
canton, tandis que son principal affluent, l'Oudon, traverse un
chef-lieu d'arrondissement, Segré, et un chef-lieu de canton,
le Lion-d'Angers. — L'*Oudon* (396 mètres cubes d'eau par seconde en grande crue), tributaire de droite, est une rivière
d'environ 80 kilomètres de parcours qui se forme dans le

Ingrandes.

département de la Mayenne, et qui, devenue navigable à Segré
(service de petits bateaux à vapeur pour Angers), transporte
quelques bois, des pierres, des ardoises, du fer. Elle reçoit trois
rivières, ou plutôt trois forts ruisseaux, sur le territoire de
Maine-et-Loire, tous les trois sur la rive droite : la *Roë*, presque
tout entière contenue dans le département de la Mayenne ;
l'*Arraize*, née au nord-est de Pouancé ; la *Verzée* (45 kilomètres), qui baigne Pouancé et se grossit de l'*Argos*. — La
Mayenne, navigable depuis Laval, c'est-à-dire pendant près de
90 kilomètres, porte des bateaux dont les plus forts chargent
130 tonnes, tant matériaux de construction, pierres et bois,

que grains, fruits et légumes. (Bateaux à vapeur entre Château-Gontier et Angers).

La **Sarthe** est plus longue que la Mayenne d'au moins 80 kilomètres. Elle naît aussi dans le département de l'Orne, dont elle arrose le chef-lieu, Alençon. Dans le département qui a pris d'elle le nom de Sarthe, elle baigne la colline que couronne l'importante ville du Mans, et reçoit l'Huisne, rivière presque aussi abondante qu'elle l'est elle-même; dans le Maine-et-Loire,

Saint-Florent-le-Vieil.

où elle parcourt une quarantaine de kilomètres, elle rencontre un chef-lieu de canton, Châteauneuf. C'est à 1,500 mètres en aval du bourg de Briollay qu'elle reçoit le Loir pour s'unir, à quelques kilomètres plus bas, à la Mayenne. Elle est navigable depuis le Mans, c'est-à-dire sur 128 kilomètres, et il y a même eu, pendant plusieurs années, un service de bateaux à vapeur entre le Mans et Angers, et en 1874 encore jusqu'à Châteauneuf.

Le **Loir** est plus long que la Sarthe de près de 50 kilomètres. Il commence dans le département d'Eure-et-Loir (auquel il donne son nom), passe dans celui de Loir-et-Cher (qu'il désigne également pour une moitié), puis dans celui de la Sarthe. Il arrive dans le Maine-et-Loire après avoir passé devant Châteaudun, Vendôme et la Flèche : comme la Mayenne et comme la Sarthe, il y a un cours approchant de 40 kilomètres; il y baigne deux chefs-lieux de canton, Durtal et Seiches. Navigable pendant 114 kilomètres, cette rivière porte des bateaux dont les plus lourds chargent 120 tonnes.

Faite du concours de ces trois grosses rivières, la Maine roule 1500 mètres cubes d'eau par seconde en grande crue; son altitude à l'étiage est de 14^m,261, à Angers, au pont du Centre. La Mayenne, dont l'étiage est de 2^m,50 à Laval (95 kilomètres en amont d'Angers), contribue au débit de la Maine pour 600 mètres en grande crue; la Sarthe pour 14 mètres et 500 mètres cubes; le Loir pour 8 mètres et 400 mètres cubes. La Maine passe sous les trois ponts d'Angers, où elle reçoit le *Brionneau*, et va se mêler à la Loire, rive droite, à la Pointe, au-dessous de Bouchemaine. Constituée par trois cours d'eau navigables, elle est naturellement navigable elle-même, et porte, d'Angers à la Pointe, et de la Pointe à Angers, les bateaux à vapeur qui circulent entre Angers et Nantes.

L'*Aubance*, affluent de gauche, qui n'a pas tout à fait 40 kilomètres, a sa source à Louerre; elle passe à Brissac, et se jette, au-dessous de Denée, dans un bras qui s'est détaché de la Loire, rive gauche, en amont des Ponts-de-Cé.

Le *Layon*, long de près de 90 kilomètres, naît au sud-sud-ouest de Vihiers, dans les collines de Saint-Paul-du-Bois, qui, par leur altitude de 208 mètres, ne le cèdent, avons-nous dit, qu'à la colline des Gardes. Il coule d'abord à l'est, puis au nord-est, comme pour aller se jeter dans le Thouet à Saumur; mais, au village des Verchers (à 4 kilomètres au sud-ouest de Doué-la-Fontaine), il se recourbe à angle droit vers le nord-ouest, direction qu'il garde jusqu'à son embouchure dans la Loire,

rive gauche, à 1 kilomètre en amont de Chalonnes. Le Layon,
près de sa source, sert un moment de limite entre le Maine-et-
Loire et les Deux-Sèvres; il s'épanche, au-dessous de Cléré, en
un étang long de 2 kilomètres et demi, qui finit à Passavant,
devient navigable à Concourson (mais, en fait, la navigation y
est des plus restreintes, sinon tout à fait nulle), passe devant
le bourg de Thouarcé, et à Chaudefonds, village à partir duquel il offre aux embarcations un tirant d'eau de 1m,20. Il
reçoit le *ruisseau des fontaines de Doué*, le *Lys* (30 kilomè-

Châteauneuf-sur-Sarthe.

tres), qui coule au pied de la colline de Vihiers, l'*Hirome*
(27 kilomètres), qui traverse Chemillé, et le *Jeu*. Le débit du
Layon est de 625 litres par seconde à l'étiage.

La *Rome*, longue d'un peu plus de 30 kilomètres, arrose le
canton du Louroux-Béconnais. Dans la dernière partie de son
cours, au-dessus et au-dessous de Champtocé, elle se transforme en un étang très-allongé. C'est un affluent de droite, qui
se jette dans la Loire à Ingrandes.

L'*Èvre*, tributaire de gauche, a ses sources au sud-est de la
colline des Gardes, près de Vezins et de la route de Cholet à
Saumur. C'est une rivière excessivement sinueuse, qui, dans

son cours de 70 kilomètres au fond d'un vallon souvent profond et resserré, passe à Trémentines, près du May, près de Jallais, qui lui envoie le *ruisseau de Montatais* ; à Beaupréau, jadis sous-préfecture, et aujourd'hui simple chef-lieu de canton, à Montrevault, autre chef-lieu de canton, et se perd dans la Loire, au Marillais, près de Saint-Florent-le-Vieil. L'Èvre reçoit aussi la *Vresme*, qui passe près de Saint-Macaire.

La *Divatte* n'a d'autre importance que de séparer longtemps le Maine-et-Loire de la Loire-Inférieure. Son cours a près de 50 kilomètres ; son embouchure est au-dessous de la Varenne, dans la Boire d'Anjou, bras de gauche qui se sépare de la Loire en aval de Champtoceaux.

L'**Erdre**, dont la longueur atteint une centaine de kilomètres, appartient peu au département de Maine-et-Loire. Elle y a ses sources dans des collines peu éloignées du Louroux-Béconnais ; elle y passe à Candé, chef-lieu de canton, et elle en sort après un cours de 30 à 35 kilomètres, soit le tiers de son développement total. Dans la Loire-Inférieure, elle devient navigable à Nort, ville que 29 kilomètres de rivière séparent de Nantes, puis se transforme en une espèce de lac fort allongé qui porte, à l'endroit le plus large, le nom de plaine de Mazerolles, et dont l'étendue varie généralement entre deux cents mètres à un kilomètre. Elle se perd, au milieu de Nantes, dans un bras de la Loire, sous le nom de rivière des Barbins, après avoir prêté, pendant 23 kilomètres, son lit à l'important canal de Nantes à Brest.

La **Sèvre-Nantaise** a été ainsi surnommée pour qu'on ne la confondît pas avec une autre Sèvre qui a ses sources et une partie de son trajet dans le même département, nommé précisément les Deux-Sèvres à cause de ces deux rivières : la *Sèvre Niortaise*, petit fleuve qui passe à Niort, et la *Sèvre Nantaise*, qui s'achève à Nantes. La Sèvre Nantaise n'a pas tout à fait 140 kilomètres de développement : sortie des coteaux humides et boisés de la Gâtine poitevine, tout près des sources de ce Thouet que nous avons mentionné plus haut comme étant le premier tributaire notable de la Loire dans le département, elle coule vers le nord-ouest, sépare les Deux-Sèvres, puis le Maine-et-Loire, puis la Loire-Inférieure de la Vendée ; et, entrée définitivement dans la Loire-Inférieure, elle coule dans la célèbre vallée de Clisson, devient navigable pour des embarcations d'un faible tonnage, et gagne, en face de Nantes, le bras gauche de la Loire. Cette rivière, aux eaux médiocrement abondantes pour la longueur du cours et l'aire du bassin, serpente au fond d'une vallée pittoresque, généralement resserrée entre des talus escarpés ou des roches granitiques. La Sèvre Nantaise ne dépend nulle part entièrement du Maine-et-Loire, elle ne le touche que par la rive droite, et encore sur douze kilomètres seulement ; mais elle en reçoit la Moine et la Sanguèse.

La *Moine*, d'un cours d'au moins 60 kilomètres, descend de coteaux boisés hauts d'environ 200 mètres, qui s'élèvent à l'est de Maulévrier ; elle coule vers l'est-nord-est, va baigner la colline de Cholet, puis celle de Montfaucon. Plus elle s'approche de la Sèvre Nantaise, plus sa vallée devient profonde. Après avoir servi de limite entre le Maine-et-Loire et la Loire-Inférieure, elle passe définitivement sur le territoire de ce dernier département, et va se perdre dans la Sèvre à Clisson, dont elle embellit le célèbre paysage.

La *Sanguèse*, qui n'a que la moitié de la longueur de la Moine, passe à Gesté, devient limite entre le Maine-et-Loire et la Loire-Inférieure, puis quitte le premier de ces deux départements pour le second.

IV

Climat.

Le département de Maine-et-Loire est situé presque aussi loin du Pôle que de l'Équateur ; il se trouve donc dans la zone tempérée. D'autre part, il n'est pas montagneux, et il n'est pas éloigné de la mer, deux des principales conditions qui assurent la douceur et l'égalité d'un climat. Plus un pays est élevé, plus il est froid ; plus il est éloigné de la mer, plus la température y est sujette aux variations brusques, plus les chaleurs y sont grandes en été, plus les froids y sont extrêmes en hiver.

Les caractères généraux du climat de Maine-et-Loire sont ceux de tout l'ouest de la France : moyenne assez élevée, grands froids rares, chaleurs modérées, grande humidité, brouillards fréquents. Le département est situé au point de rencontre de deux des sept climats entre lesquels on a l'habitude de diviser la France : le *climat séquanien* ou *parisien*, qui offre les caractères que nous avons signalés plus haut, et le *climat armoricain* ou *breton*, plus doux et plus humide.

Toutes les localités du département n'ont pas le même climat, car la température des lieux varie beaucoup suivant la latitude, l'altitude, l'exposition, le règne de tel ou tel vent, la nature du sol, la présence ou l'absence des forêts. En moyenne, le pays à l'ouest d'Angers, surtout le sud-ouest du département, est plus froid que le pays à l'est ; ce qui tient à deux causes principales : à une plus grande élévation du sol et à la nature de terrain qui retient l'humidité à la surface.

Angers, située précisément entre les deux natures de terrains qui se partagent le département, et près de la vallée centrale de Maine-et-Loire, pourrait être regardée comme exprimant la moyenne du climat angevin si son altitude n'était pas très-inférieure à celle du plus grand nombre des localités du département. La moyenne annuelle de cette ville est de 12 degrés 3 dixièmes, soit 1 degré 7 dixièmes de plus qu'à Paris.

Si toute la pluie tombée dans l'année restait sur le sol sans filtrer sous terre et sans s'évaporer dans l'air, on aurait à la fin des douze mois, à Angers, une nappe d'eau profonde de 51 centimètres ; de 60 centimètres au-dessus d'Angers, en remontant le fleuve ou les trois branches de la Maine ; de 70 centimètres au-dessous d'Angers, à Chalonnes, à Beaupréau, à Cholet, à Saint-Florent, comme aussi sur l'Erdre et sur l'Oudon. C'est moins que la moyenne de la France, qui est de 77 centimètres.

V

Curiosités naturelles.

N'ayant ni la mer, ni les montagnes, le Maine-et-Loire manque absolument de sites grandioses, comme de vraies curiosités naturelles. En revanche, les paysages gracieux abondent dans ses principales vallées. Ce que le département offre de plus réellement pittoresque, c'est sa petite part de la vallée de la Sèvre-Nantaise, certaines portions du vallon de l'Èvre et surtout la vallée de la Mayenne. On peut citer aussi la vallée de la Loire qui, vue des hauteurs de Montsoreau, de Saumur, de Gennes, de Durtal, de Saint-Florent ou de Champtoceaux, offre de magnifiques panoramas. Enfin le Loir, la Sarthe à Châteauneuf, le petit Lathan dans la forêt de Monnaie, etc., ne sont pas sans attrait.

VI

Histoire.

Au temps de la conquête romaine, le département de Maine-et-Loire était habité par la tribu des Andes, appelés aussi Andecavi et Andegavi.

Le pays des Andes fut soumis aux Romains à la suite de la deuxième campagne de César. Tandis que ce général subjuguait la Belgique, un de ses lieutenants, le jeune Crassus, à la tête d'une légion, soumettait le pays compris entre la Seine et la Loire (57 avant Jésus-Christ).

Mais cette soumission n'était qu'apparente. En effet, profitant de l'absence de César, les Andes, sous la conduite de leur brave chef Dumnacus, prirent les armes et attaquèrent les Pictaves, restés fidèles aux Romains. Mais ils furent défaits pendant leur retraite de Poitiers vers la Loire, après des prodiges de valeur, par les généraux romains Caninius et Fabius (52 avant Jésus-Christ). Au même moment, le héros des Gaules,

Vercingétorix, était obligé de remettre son épée à César qui l'assiégeait dans Alésia. La cause de l'indépendance de la Gaule était à jamais perdue.

L'an 28 avant Jésus-Christ, au moment de la réorganisation des Gaules par Auguste, les Andes furent rangés dans la province Lyonnaise. A la même date, les vainqueurs fondèrent la ville de Juliomagus, qui devint la capitale des Andes et qui devait être le boulevard des Romains contre les soulèvements de l'indomptable Armorique.

Sous le règne de Tibère, au moment de la révolte de Florus et de Sacrovir, les Andes essayèrent encore mais en vain de reconquérir leur liberté (21 après Jésus-Christ).

Pendant quatre siècles, l'autorité de Rome pesa comme un joug de fer sur ce pays. Mais les conquérants firent oublier leurs malheurs aux vaincus en embellissant leurs villes et en construisant des monuments; on trouve encore dans l'Anjou de nombreuses traces de la civilisation romaine.

Lorsque, au cinquième siècle, l'Empire s'écroula sous les coups répétés des Barbares, une bande de Saxons, sous la conduite d'Odoacre, s'empara de l'Anjou, où se trouvaient encore quelques débris de l'armée gallo-romaine sous les ordres d'Ægidius (464).

Mais les Francs, dont la puissance était déjà redoutable, s'avancèrent conduits par leur roi Childéric pour chasser ces envahisseurs de leurs possessions. Odoacre marcha à leur rencontre; complétement défait près d'Orléans, il fut obligé de s'enfuir vers l'Océan. Childéric entra alors dans la capitale des Andes, qui avait repris son antique nom, en répudiant celui de Juliomagus, qui rappelait trop l'oppression romaine. Il tua de sa main le comte Paul, successeur d'Ægidius.

Odoacre, apprenant la mort de Paul son parent, revint quelque temps après avec de nombreux soldats, et s'empara une deuxième fois de l'Anjou. Childéric, occupé contre les Allemands, conclut une paix avec Odoacre, qui devint son allié et qui mourut en Italie en 495, dans son expédition contre Ravenne.

Cloître de Fontevrault et statues tombales des Plantagenet.

Le christianisme pénétra dans l'Anjou vers le milieu du quatrième siècle. Mais le druidisme avait laissé dans la population de profondes racines que le paganisme romain n'avait pu réussir à extirper. Un évêque nommé Défensor prêcha le premier la nouvelle croyance, et ses successeurs parvinrent à l'établir dans toute la province. Les abbayes de bénédictins y devinrent surtout fort nombreuses.

En 507, Clovis fit la conquête de l'Anjou sur les Visigoths.

Château d'Angers.

A sa mort, cette province fit partie du royaume d'Orléans (511), et Clotaire la recueillit en 558 lorsqu'il devint seul roi des Francs.

Au moment de la rivalité de Frédégonde et de Brunehaut, l'Anjou fit partie de la Neustrie.

La bataille de Testry (687) ayant donné aux Austrasiens la prépondérance sur les Neustriens, et rendu irrémédiable la chute

Saumur.

des rois de la première race, les maires du palais habituèrent insensiblement les peuples à leur autorité.

A la mort de Pépin d'Héristal, le vainqueur de Testry, les Neustriens, secouant le joug des Austrasiens, prirent un maire de leur choix, nommé Rainfroy. Mais Charles Martel, le fils de Pépin, les défit à Vinci près de Cambrai (717) et gouverna l'Anjou sous le nom de Chilpéric II, un des derniers rois de la race qui s'éteignait.

L'avènement de Charlemagne mit fin définitivement à la dynastie mérovingienne.

Sous ses successeurs, l'Anjou eut surtout à souffrir des invasions normandes. Charles le Chauve, pour faire face à ce danger, avait placé une partie de la province sous le commandement de Robert le Fort. Après de brillants succès et des prodiges de valeur, ce vaillant chef fut tué par surprise au combat de Brissarthe (865).

Lors de la déposition de Charles le Gros (887), le fils de Robert, Eudes, bien connu par sa célèbre défense de Paris contre les Normands, fut élu roi à sa place.

Le comte Ingelger, fils de Tertulle, sénéchal du Gâtinais, reçut de Louis le Bègue, vers 879, le comté d'Anjou, qu'il eut à défendre contre les Normands.

L'histoire des successeurs d'Ingelger ne présente qu'une série de guerres privées avec les suzerains rivaux et jaloux de leur puissance. Foulques V se distingua entre tous par l'appui qu'il fournit à Louis le Gros dans sa guerre contre l'Angleterre, en Normandie (1119). Le roi d'Angleterre fit dès lors tous ses efforts pour mettre le comte de son côté, et, à la suite de longs pourparlers, le fils de Foulques, Geoffroy, surnommé Plantagenet, épousa Mathilde, fille de Henri Ier d'Angleterre et héritière du trône de son père. Cette union fut fatale à la France ; en effet, depuis Ingelger l'amitié avait été intime entre les rois de France et les comtes d'Anjou. A partir de ce moment, les seigneurs d'Anjou seront nos ennemis et non nos alliés.

De ce mariage naquit Henri II, Plantagenet, qui épousa en 1152, Éléonore de Guyenne, répudiée par Louis VII. Éléonore

Segré.

apporta la Guyenne en dot à son époux. Deux ans après, Henri II monta sur le trône; mais ces alliances, si profitables à l'Angleterre, suscitèrent entre cette nation et la France une longue série de guerres qui pendant près de trois siècles ensanglanteront notre malheureux pays.

La séparation de l'Anjou ne dura pas longtemps. Philippe Auguste, à la suite d'une guerre avec Jean sans Terre, roi d'Angleterre, s'empara de l'Anjou, de la Touraine et du Poitou qui furent réunis au domaine royal (1204).

En 1246, Louis IX fit de l'Anjou un apanage pour son frère Charles qui, en 1266, entraîna les Angevins à la conquête du royaume des Deux-Siciles, où les principaux seigneurs furent égorgés lors du fameux massacre des Vêpres siciliennes (1282).

Son successeur, Charles II, le Boiteux, céda, en 1290, les comtés d'Anjou et du Maine à son gendre Charles de Valois, fils du roi Philippe le Hardi qui prit le nom de Charles III.

Son fils, Philippe, monta sur le trône de France en 1328 sous le nom de Philippe VI de Valois. L'Anjou avait été érigé en comté-pairie par Philippe le Bel.

Lors de son mariage avec Bonne de Luxembourg, fille du roi de Bohême (1332), le fils aîné de Philippe, qui fut plus tard Jean le Bon, reçut le comté d'Anjou en apanage. Jean le Bon céda l'Anjou en 1356 à Louis, son second fils, qui fut fait prisonnier avec lui à la bataille de Poitiers. En 1360, l'Anjou fut érigé en duché-prairie.

Charles V, monté sur le trône en 1364, déclara le duché d'Anjou héréditaire en faveur de son frère Louis, qui prit alors le nom de duc d'Anjou et se fit une triste célébrité pendant la minorité de l'infortuné Charles VI, son neveu. Nommé tuteur du jeune roi, il pilla les trésors amassés par l'économie de Charles V et il s'en servit pour aller conquérir le royaume de Naples dont il avait été institué héritier par la reine Jeanne Ire; il mourut à Bari, port de mer de l'Adriatique.

Son fils Louis II mourut en 1417, à Angers, au moment où il songeait à retourner en Italie pour tenter la conquête de ce royaume de Naples qu'il avait déjà dû abandonner en 1411.

Plus malheureux encore que son père, Louis III périt au siége de Tarente en 1434, laissant ses états à son frère René.

Appelé à Naples en 1438 par le testament de la reine Jeanne II, René se rendit aussi en Italie pour prendre pos-

Statue de René, duc d'Anjou, à Angers.

session de son héritage ; mais, chassé de Naples en 1442 par son compétiteur Alphonse d'Aragon, il renonça à ses conquêtes d'outre-mer, pour travailler à la prospérité des duchés d'Anjou et de Provence. Il enrichit Saumur et Angers de plusieurs monuments.

A sa mort, Louis XI réunit l'Anjou à la couronne, et,

depuis lors, ce duché ne fut plus qu'un titre d'apanage réservé aux fils puînés des rois de France.

Pendant les guerres de religion, l'Anjou fut le théâtre de plusieurs opérations importantes; Bussy d'Amboise, gouverneur de cette province pour Charles IX, y a laissé d'odieux souvenirs. Ce fut à Angers que se terminèrent ces fatales discordes par la soumission du duc de Mercœur, le dernier chef de la Ligue (1598).

Sous le règne de Louis XIII, les troubles occasionnés par la régente Marie de Médicis agitèrent l'Anjou. La paix d'Angoulême, ménagée par Richelieu, avait accordé à la régente le gouvernement de l'Anjou et trois places de sûreté (1619). Mais les intrigues dont Angers devint alors le centre obligèrent le roi à marcher lui-même contre cette ville, et les troupes de la reine-mère furent défaites au combat des Ponts-de-Cé.

En 1789, le Maine-et-Loire embrassa d'abord avec enthousiasme la cause de la Révolution et la magnifique conduite de Beaurepaire, commandant des volontaires de Maine-et-Loire à la défense de Verdun, excita une admiration universelle.

Cependant ce fut près d'Angers qu'éclata cette terrible guerre civile appelée guerre de la Vendée, qui couvrit de sang et de ruines les malheureuses provinces de l'Ouest. Le 10 mars 1793, le charretier Cathelineau souleva les conscrits du canton de Saint-Florent, et, avec l'aide du garde-chasse Stofflet, s'empara de Cholet. De nombreux gentilshommes, Lescure, Bonchamps, d'Elbée, La Rochejaquelein et Charrette, se mirent alors à la tête du mouvement et s'emparèrent de Saumur (9 juin). Repoussés de leurs attaques sur les Sables et sur Nantes, les insurgés furent vainqueurs aux combats de Châtillon (5 juillet) et de Vihiers (18 juillet). Ils remportèrent ensuite une série de succès à Chantonnay, à Saumur, aux Ponts-de-Cé ; ils avaient pour adversaires les généraux Marceau, Canclaux, Rossignol, Santerre et Kléber.

Mais une vigoureuse impulsion fut imprimée par la Convention à la répression de la révolte ; en onze jours les Vendéens subirent quatre échecs : ils furent vaincus à Saint-Symphorien le 6 octobre, à Châtillon le 9, à Mortagne, où Lescure fut blessé à mort, et à Saint-Christophe le 15. Le 17 du même mois, Kléber les écrasa à Cholet, où d'Elbée et Bonchamps furent tués. Le dernier coup fut porté aux révoltés par la défaite de Savenay (25 décembre) ; la grande guerre était terminée et la résistance des vaincus ne fut marquée que par quelques combats partiels.

VII

Personnages célèbres.

Quinzième siècle. — Le duc RENÉ D'ANJOU, appelé *le bon roi René*, né à Angers en 1409, mort à Aix-en-Provence en 1480.

Seizième siècle. — JOACHIM DU BELLAY, né en 1524 à Liré, mort en 1560. Poëte d'une charmante naïveté, il a laissé plusieurs recueils de vers. — BODIN (JEAN), né à Angers en 1530, mort à Laon en 1596; historien et jurisconsulte. Son ouvrage : *Les six livres de la République*, l'a fait considérer comme le fondateur de la science politique en France.

Dix-septième siècle. — MÉNAGE (GILLES), critique et érudit, né à Angers en 1613, mort à Paris en 1692. Son meilleur ouvrage est : *les Origines de la langue française*. — BERNIER (FRANCIS), voyageur, né à Joué en 1620, mort à Paris en 1688. — Madame DACIER (ANNE LEFÈVRE), née à Saumur en 1651, morte en 1720. Célèbre helléniste, elle a publié d'excellentes traductions d'auteurs grecs.

Dix-huitième siècle. — PROUST, né à Angers en 1755, mort à Paris en 1826. Il a découvert en chimie plusieurs lois très-importantes. — DUPETIT-THOUARS (Louis), né à Saint-Martin-de-la-Place, en 1758, mort en 1831. Botaniste et voyageur, il fut nommé membre de l'Institut en 1810.— DUPETIT-THOUARS (ARISTIDE-AUBERT), marin, né près de Saumur en 1760, tué le 2 août 1798 à Aboukir, après avoir défendu héroïquement le *Tonnant*, vaisseau qu'il commandait. — BÉCLARD

(PIERRE-AUGUSTIN), célèbre anatomiste, professeur à la Faculté de médecine de Paris, né à Angers en 1785, mort à Paris en 1825. — Les conventionnels CHOUDIEU et l'évêque CL. FOUQUET. — Le maréchal DE CONTADES. — Les généraux de la République et de l'Empire : QUÉTINEAU, BONTEMPS, LEMOINE, GIRARD, DESJARDINS ; — les généraux vendéens : CATHELINEAU, BONCHAMPS, BOURMONT, D'AUTICHAMP.

Dix-neuvième siècle. — CHEVREUL (MICHEL-EUGÈNE), né à Angers en 1786. Un des chimistes les plus illustres de notre époque, il remplaça Proust à l'Académie des sciences en 1829. M. Chevreul est aujourd'hui directeur du Jardin des plantes de Paris. — DAVID (PIERRE-JEAN), connu sous le nom de DAVID D'ANGERS, né dans la ville de ce nom en 1789, mort en 1856 ; sculpteur de génie que ses œuvres ont immortalisé.

VIII

Population, langue, culte, instruction publique.

La *population* de Maine-et-Loire s'élève, d'après le recensement de 1872, à 518,471 habitants (255,408 du sexe masculin, 263,063 du sexe féminin). A ce point de vue, c'est le 20e département. Le chiffre des habitants divisé par celui des hectares, donne environ 73 habitants par 100 hectares ou par kilomètre carré ; c'est ce qu'on nomme la *population spécifique.* La France entière ayant 68 à 69 habitants par kilomètre carré, il en résulte que Maine-et-Loire renferme, à surface égale, 4 à 5 habitants de plus que l'ensemble de notre pays. Il occupe, à cet égard, le 20e rang.

Depuis 1801, date du premier recensement officiel, jusqu'à 1866, le Maine-et-Loire avait gagné 156,781 habitants ; mais il en a perdu 13,854 depuis cette époque.

Les populations des campagnes angevines n'ont pas d'idiome particulier.

Presque tous les habitants de Maine-et-Loire sont catholiques :

sur les 518,471 habitants de 1872, on ne comptait que 555 protestants et 12 israélites.

Le nombre des *naissances* a été, en 1872, de 11,057; celui des *décès*, de 10,592 ; celui des *mariages*, de 5,608.

La *vie moyenne* est de 41 ans 4 mois.

On compte dans le département : un *lycée*, à Angers; trois *colléges communaux*, à Cholet, Saumur et Beaufort; 10 *institutions secondaires libres*; 842 *écoles* (62,644 élèves en 1874) dont 404 de filles; 102 *salles d'asile* (10,000 enfants); 297 *cours d'adultes* (7,000 auditeurs). Le nombre total des élèves qui les fréquentent s'élève à 77,265.

Le recensement de 1872 a donné les résultats suivants :

Ne sachant ni lire ni écrire.	197,041
Sachant lire seulement.	48,813
Sachant lire et écrire.	267,529
Dont on n'a pu vérifier l'instruction. . . .	5,988
Total de la population civile. . .	518,471

Sur 52 accusés de crimes, en 1871, on a compté :

Accusés ne sachant ni lire ni écrire.	21
— sachant lire ou écrire imparfaitement. . .	23
— sachant bien lire et bien écrire.	6
— ayant reçu une instruction supérieure. .	2

IX

Divisions administratives.

Le département de Maine-et-Loire forme le diocèse d'Angers (suffragant de Tours), — la deuxième subdivision de la quinzième division militaire (Nantes) du cinquième corps d'armée (Tours). — Il ressortit à la cour d'appel d'Angers, — à l'Académie de Rennes, — à la douzième légion de gendarmerie (Tours), — à la quatorzième inspection des ponts-et-chaussées, — à la vingt-troisième conservation des forêts (Rennes),

— à l'arrondissement minéralogique de Nantes (division du Centre), — à la région agricole de l'Ouest. — Il comprend 5 arrondissements (Angers, Baugé, Cholet, Saumur et Segré), 34 cantons, 382 communes.

Chef-lieu du département : ANGERS, 58,464 h.

Chefs-lieux d'arrondissement : ANGERS ; BAUGÉ, 3,419 h.; CHOLET, 13,552 h.; SAUMUR, 12,552 h.; SEGRÉ, 2,935 h.

Arrondissement d'Angers (9 cant.; 89 com.; 162,804 h.; 157,148 hect.).

Canton d'Angers Nord-Est (8 com.; 33,011 h.; 13,835 hect.). — Angers (pop. totale), 58,464 h. — Barthélemy (Saint-), 1,155 h. — Écouflant, 941 h. — Pellouailles, 440 h. — Plessis-Grammoire (le), 908 h. — Sarrigné, 301 h. — Sylvain (Saint-), 1,560 h. — Villevêque, 1,520 h.

Canton d'Angers Nord-Ouest (11 com.; 22,050 h.; 13,974 hect.). — Angers. — Avrillé, 945 h. — Beaucouzé, 753 h. — Bouchemaine, 1,159 h. — Cantenay-Epinard, 819 h. — Juigné-Béné, 545 h. — Lambert-la-Potherie (Saint-), 493 h. — Meignanne (La), 1,022 h. — Membrolle (La), 563 h. — Montreuil-Belfroi, 260 h. — Plessis-Macé (Le), 399 h.

Canton d'Angers Sud-Est (4 com.; 24,415 h.; 4,671 hect.). — Andard, 1,068 h. — Angers. — Brain-sur-l'Authion, 1,540 h. — Trélazé, 4,607 h.

Canton de Tiercé (8 com.; 8,736 h.; 15,274 hect.). — Briollay, 946 h. — Cheffes, 1,314 h. — Écuillé, 583 h. — Feneu, 1,357 h. — Montreuil-sur-Loir, 386 h. — Soucelles, 857 h. — Soulaire-et-Bourg, 1,146 h. — Tiercé, 2,147 h.

Canton de Chalonnes-sur-Loire (5 com.; 12,304 h.; 11,192 hect.). — Aubin de Luigné (Saint-), 1,528 h. — Chalonnes-sur-Loire, 5,836 h. — Chaudefonds, 1,418 h. — Denée, 1,326 h. — Rochefort, 2,196 h.

Canton de Saint-Georges-sur-Loire (10 com.; 12,286 h.; 18,701 hect.). — Béhuard, 233 h. — Champtocé, 2,066 h. — Georges-sur-Loire (Saint-), 2,592 h. — Germain-des-Prés (Saint-), 1,501 h. — Ingrandes, 1,301 h. — Jean-de-Linières (Saint-), 398 h. — Léger-des-Bois (Saint-), 715 h. — Martin-du-Fouilloux (Saint-), 781 h. — Possonnière (La), 1,428 h. — Savennières, 1,271 h.

Canton du Louroux-Béconnais (7 com.; 10,227 h.; 25,107 hect.). — Augustin-des-Bois (Saint-), 891 h. — Bécon, 2,057 h. — Clément-de-la-Place (Saint-), 1,280 h. — Cornuaille (La), 1,578 h. — Louroux-Béconnais (Le), 2,908 h. — Sigismond (Saint-), 568 h. — Villemoisan, 965 h.

Canton des Ponts-de-Cé (18 com.; 21,618 h.; 23,068 hect.). — Blaison, 998 h. — Bohalle (La), 1,031 h. — Daguenière (La), 1,050 h. — Gemmes (Sainte-), 1,840 h. — Gohier, 223 h. — Jean-de-la-Croix (Saint-), 295 h. — Jean-des-Mauvrets (Saint-), 1,095 h. — Juigné-sur-Loire, 959 h. — Mathurin (Saint-), 2,560 h. — Melaine (Saint-), 444 h. — Ménitré (La),

2,136 h. — Mozé, 1,461 h. — Murs. 1,411 h. — Ponts-de-Cé (Les), 3,397 h. — Rémy Saint-, 912 h. — Saturnin (Saint-), 872 h. — Soulaines, 657 h. — Sulpice (Saint-), 257 h.

Canton de Thouarcé (20 com.; 18,157 h.; 31.526 hect.). — Alleuds (Les), 580 h. — Beaulieu, 1,148 h. — Brissac, 1,002 h. — Champ (Le), 909 h. — Chanzeaux, 1,589 h. — Charcé, 525 h. — Chavagnes, 1,016 h. — Ellier (Saint-), 215 h. — Faveraie, 900 h. — Faye, 1,276 h. — Gonnord, 1,712 h. — Joué-Etian, 1,016 h. — Lambert-du-Lattay (Saint-), 1,345 h. — Luigné, 508 h. — Notre-Dame-d'Allençon, 430 h. — Quincé, 608 h. — Rablay, 554 h. — Saulgé-l'Hôpital, 556 h. — Thouarcé, 1,628 h. — Vauchrétien, 894 h.

Arrondissement de Baugé (6 cant.; 67 com.; 75,387 h.; 141,466 hect.).

Canton de Baugé (13 com.; 14,750 h.; 26,810 hect.) — Baugé, 3,419 h. — Bocé, 765 h. — Chartrené, 167 h. — Cheviré-le-Rouge, 1,604 h. — Clefs, 1,285 h. — Cuon, 772 h. — Échemiré, 801 h. — Fougeré, 1,587 h. — Guédéniau, 755 h. — Martin-d'Arcé (Saint-), 366 h. — Montpollin, 215 h. — Pontigné, 616 h. — Quentin (Saint-), 343 h. — Vieil-Baugé, 1,506 h. — Volandry, 731 h.

Canton de Beaufort (7 com.; 14,002 h.; 15,214 hect.). — Beaufort, 3,146 h. — Brion, 1,558 h. — Corné, 2,009 h. — Fontaine-Guérin, 1,418 h. — Gée, 573 h. — Georges-du-Bois (Saint-), 524 h. — Mazé, 5,274 h.

Canton de Durtal (8 com.; 11,609 h.; 21,323 hect.). — Baracé, 696 h. — Daumeray, 1.548 h — Durtal, 3.284 h. — Etriché, 1,229 h. — Huillé, 654 h. — Montigné, 603 h. — Morannes, 2,401 h. — Rairies (Les), 1,194 h.

Canton de Longué (9 com.; 14,078 h.; 26,758 hect.). — Blou, 1,050 h. — Courléon, 438 h. — Jumelles, 1,522 h. — Lande-Châles (La), 307 h. — Longué, 4,274 h. — Mouliherne, 1,842 h. — Philbert-du-Peuple (Saint-), 880 h. — Vernantes, 1,947 h. — Vernoil-le-Fourrier, 1,838 h.

Canton de Noyant (15 com.; 10,669 h.; 30,476 hect.). — Auverse, 956 h. — Breil, 674 h. — Broc, 738 h. — Chalonnes-sous-le-Lude, 358 h. — Chavaignes, 505 h. — Chigné, 680 h. — Dénezé, 574 h. — Genneteil, 880 h. — Lasse, 706 h. — Linières-Bouton, 240 h. — Meigné, 761 h — Méon, 514 h. — Noyant, 1,508 h. — Parçay, 1,548 h. — Pellerine (La), 227 h.

Canton de Seiches (13 com.; 10,299 h.; 20,885 hect.). — Baumé, 1,002 h. — Beauvau, 353 h. — Chapelle-Saint-Laud (La), 648 h. — Chaumont, 361 h. — Cornillé, 522 h. — Corzé, 1,421 h. — Fontaine-Milon, 509 h. — Jarzé, 1,759 h. — Lézigné, 594 h. — Lué. 403 h. — Marcé, 937 h. — Sermaise, 574 h. — Seiches, 1,466 h.

Arrondissement de Cholet (7 cant.; 80 com.; 125,774 h.; 163,511 hect.).

Canton de Beaupréau (13 com.; 20,931 h.; 28,555 hect.). — Andrezé, 1,385 h. — Beaupréau, 3,758 h. — Bégrolles, 1,277 h. Chapelle-du-

Genêt (La), 977 h. — Gesté, 2,746 h. — Jallais, 3,227 h. — Jubaudière (La), 724 h. — Léger (Saint-), 682 h. — May (Le), 2,080 h. — Philbert (Saint-), 375 h. — Pin-en-Mauges (Le), 885 h. — Poitevinière (La), 1,549 h. — Villedieu-la-Blouère, 1,266 h.

Canton de Champtoceaux (9 com.; 12,340 h.; 15,655 hect.). — Bouzillé, 1,605 h. — Champtoceaux, 1,565 h. — Christophe-la-Couperie (Saint-), 584 h. — Drain, 1,421 h. — Landemont, 1,244 h. — Laurent-des-Autels (Saint-), 1,534 h. — Liré, 2,281 h. — Sauveur-de-Landemont (Saint-), 876 h. — Varenne (La), 1,230 h.

Canton de Chemillé (11 com.; 14,938 h.; 21,623 hect.). — Chapelle-Rousselin (La), 822 h. — Chemillé, 4,330 h. — Christine (Sainte-), 869 h. — Cossé, 511 h. — Gardes (Les), 889 h. — Georges-du-Puy-de-la-Garde (Saint-), 925 h. — Jumellière (La), 1,581 h. — Lézin (Saint-), 1,932 h. — Mélay, 1,290 h. — Neuvy, 1,072 h. — Tourlandry (La), 1,717 h.

Canton de Cholet (15 com.; 28,748 h.; 35,058 hect.). — Cerqueux-de-Maulévrier (Les), 672 h. — Chanteloup, 1,059 h. — Cholet, 13,552 h. — Christophe-du-Bois (Saint-), 918 h. — Maulévrier, 1,895 h. — Mazières, 498 h. — Nuaillé, 455 h. — Séguinière (La), 1,570 h. — Tessoualle (La), 1,495 h. — Toutlemonde, 622 h. — Trémentines, 2,337 h. — Vezins, 1,864 h. — Yzernay, 1,811 h.

Canton de Saint-Florent-le-Vieil (11 com.; 17,155 h.; 19,547 hect.). — Beausse, 520 h. — Botz, 1,014 h. — Bourgneuf, 706 h. — Chapelle-Saint-Florent (La), 1,265 h. — Florent-le-Vieil (Saint-), 2,220 h. — Laurent-de-la-Plaine (Saint-), 1,167 h. — Laurent-du-Mottay (Saint-), 1,090 h. — Marillais (Le), 790 h. — Mesnil (Le), 1,690 h. — Montjean, 3,345 h. — Pommeraie (La), 3,348 h.

Canton de Montfaucon (12 com.; 16,670 h.; 19,995 hect.). — André-de-la-Marche (Saint-), 1,127 h. — Crespin (Saint-), 1,220 h. — Germain-lès-Montfaucon (Saint-), 1,611 h. — Longeron (Le), 1,676 h. — Macaire (Saint-), 2,181 h. — Montfaucon, 662 h. — Montigné, 1,164 h. — Renaudière (La), 822 h. — Romagne (La), 1,268 h. — Roussay, 1,129 h. —. Tilliers, 1,486 h. — Torfou, 2,124 h.

Canton de Montrevault (11 com.; 14,992 h.; 19,995 hect.). — Boissière (La), 593 h. — Chaudron, 1,655 h. — Chaussaire (La), 1,058 h. — Fief-Sauvin (Le), 1,935 h. — Fuilet (Le), 1,994 h. — Montrevault, 873 h. — Pierre-Montlimart (Saint-), 1,820 h. — Puiset-Doré (Le), 1,369 h. — Quentin (Saint-), 1,308 h. — Rémi (Saint-), 1,410 h. — Salle-Aubry (La), 975 h.

Arrondissement de Saumur (7 cant.; 85 com.; 91,484 h.; 135,022 hect.).

Canton de Doué (14 com.; 13,082 h.; 22,569 hect.). — Brigné, 502 h. — Concourson, 783 h. — Dénezé, 650 h. — Doué, 5,210 h. — Douces, 1,115 h. — Forges, 180 h. — Georges-Châtelaison (Saint-), 927 h. — Louresse-Rochemenier, 840 h. — Martigné-Briand, 1,464 h. — Meigné, 280 h. — Montfort, 152 h. — Soulanger, 744 h. — Ulmes (Les), 545 h. — Verchers (Les), 1,290 h.

Canton de Gennes (11 com.; 8,454 h.; 16,011 hect.). — Ambillou, 914 h. — Chemellier, 584 h. — Chenehutte-les-Tuffeaux, 854 h. — Coutures, 561 h. — Georges-des-Sept-Voies (Saint-), 815 h. — Gennes, 1,688 h. — Gresillé, 694 h. — Louerre. 655 h. — Noyant, 255 h. — Toureil-Saint-Maur (Le), 547 h. — Trèves-Cunault, 350 h.

Canton de Montreuil-Bellay (14 com.; 11,119 h.; 21,058 hect.). — Antoigné, 585 h. — Brézé, 854 h. — Brossay, 240 h. — Cizay-la-Magdeleine, 559 h. — Courchamps, 421 h. — Coudray, 824 h. — Cyr-en-Bourg (Saint-), 841 h. — Épieds, 687 h. — Just-sur-Dive (Saint-), 369 h. — Macaire (Saint-). 578 h. — Méron, 597 h. — Montreuil-Bellay, 1,889 h. — Puy-Notre-Dame (Le), 1,506 h. — Vaudelenay-Rillé, 1,169 h.

Canton de Saumur Nord-Ouest (5 com.; 8,851 h.; 7,408 hect.). — Clément-des-Levées (Saint-), 1,518 h. — Lambert-des-Levées (Saint-), 1,998 h. — Martin-de-la-Place (Saint-), 1,082 h. — Rosiers (Les), 2,442 h. — Saumur (pop. totale), 12,552 h.

Canton de Saumur Nord-Est (8 com.; 9,611 h.; 17,183 hect.). — Allonnes, 2,320 h. — Brain, 1,345 h. — Breille (La), 470 h. — Neuillé, 814 h. — Saumur. — Varennes, 2,090 h. — Villebernier, 1,142 h. — Vivy, 1,317 h.

Canton de Saumur Sud (15 com.; 22,383 h.; 13,449 hect.). — Artannes, 201 h. — Bagneux, 1,071 h. — Chacé, 539 h. — Dampierre, 477 h. — Distré, 732 h. — Fontevrault, 3,149 h. — Hilaire-Saint-Florent (Saint-), 1,510 h. — Montsoreau, 790 h. — Parnay, 481 h. — Rou-Marson, 453 h. — Saumur. — Souzay, 643 h. — Turquant, 687 h. — Varrains, 909 h. — Verrie, 323 h.

Canton de Vihiers (19 com.; 18,004 h.; 56,761 hect.). — Aubigné-Briand, 466 h. — Cernusson, 377 h. — Cerqueux-sous-Passavant, 712 h. — Cléré, 623 h. — Coron, 1,971 h. — Fosse-de-Tigné (La), 316. — Hilaire-du-Bois (Saint-), 1,562 h. — Montilliers, 941 h. — Nueil, 1,884 h. — Passavant, 298 h. — Paul-du-Bois (Saint-), 1,221 h. — Plaine (La), 1,120 h. — Salle-de-Vihiers (La), 1,127 h. — Somloire, 1,091 h. — Tancoigné, 428 h. — Tigné, 1,157 h. — Tremont, 545 h. — Vihiers, 1,527 h. — Voide (Le), 837 h.

Arrondissement de Segré (5 cant.; 61 com.; 63,022 h.; 116,152 hect.).

Canton de Candé (6 com.; 11,134 h.; 22,195 hect.). — Angrie, 1,873 h. — Candé, 2,011 h. — Chazé-sur-Argos, 1,613 h. — Freigné, 1,990 h. — Loiré, 1,679 h. — Potherie (La), 1,968 h.

Canton de Châteauneuf-sur-Sarthe (15 com.; 12,396 h.; 23,743 hect.). — Brissarthe, 904 h. — Champigné, 1,583 h. — Chanteussé, 486 h. — Châteauneuf. 1,618 h. — Chemiré, 399 h. — Chenillé-Changé, 294 h. — Cherré, 750 h. — Contigné, 1,075 h. — Juvardeil, 1,055 h. — Marigné, 1,056 h. — Miré, 944 h. — Querré, 583 h. — Sceaux, 815 h. — Sœurdres, 615 h. — Thorigné, 621 h.

Canton du Lion-d'Angers (11 com.; 12,553 h.; 22,330 hect.). — Andigné, 456 h. — Brain-sur-Longuenée, 1,037 h. — Chambellay, 761 h. —

Gené, 530 h. — Grez-Neuville, 1,252 h. — Jaille-Yvon (La), 645 h. — Lion-d'Angers (Le), 2,708 h. — Montreuil-sur-Maine, 888 h. — Pouëze (La), 1,460 h. — Pruillé, 582 h. — Vern, 2,234 h.

Canton de Pouancé (14 com.; 12,878 h.; 24,768 hect.). — Armaillé, 697 h. — Bouillé-Ménard, 914 h. — Bourg-l'Évêque, 361 h. — Carbay, 304 h. — Chapelle-Hullin (La), 393 h. — Chazé-Henri, 1,035 h. — Combrée, 1,720 h. — Grugé-l'Hôpital, 590 h. — Michel-et-Chanveaux (Saint-), 814 h. — Noëllet, 983 h. — Pouancé, 3,273 h. — Prévière (La), 368 h. — Tremblay (Le), 988 h. — Vergonnes, 441 h.

Canton de Segré (15 com.; 14,061 h.; 23,096 hect.). — Aviré, 684 h. — Bourg-d'Iré, 1,349 h. — Chapelle-sur-Oudon (La), 746 h. — Châtelais, 1,128 h. — Ferrière (La), 501 — Hôtellerie-de-Flée (L'), 635 h. — Louvaines-et-la-Jaillette, 816 h. — Gemme-d'Andigné (Sainte-), 1,241 h. — Marans, 602 h. — Martin-du-Bois (Saint-), 1,059 h. — Monguillon, 360 h. — Noyant-la-Gravoyère, 635 h. — Nyoiseau, 767 h. — Sauveur-de-Flée (Saint-), 603 h. — Segré, 2,935 h.

X

Agriculture.

Sur les 712,093 hectares du département, on compte en nombres ronds :

Terres labourables.	468,000 hectares.
Prés.	86,000
Vignes.	31,000
Bois.	52,600
Landes.	10,400

Le reste se partage entre les cultures potagères, maraîchères et industrielles, les étangs, les emplacements de villes, de bourgs, de villages, de fermes, les surfaces prises par les routes, les chemins de fer, les cimetières, etc.

En nombres ronds, on compte dans le département : 55,400 chevaux, ânes et mulets; 314,300 bœufs; 122,500 moutons; 117,800 porcs (vendus surtout aux marchés de Baugé); 6,300 chèvres, et plus de 29,000 chiens. Les chevaux, de race angevine, sont employés surtout pour la cavalerie légère. Les mulets sont exportés en grande partie dans le Midi, en Espagne et dans les colonies. Parmi les bœufs, ceux de Beaupréau sont très-recherchés, soit pour l'approvisionnement de Paris, ou pour les salaisons de la marine dans les ports de Rochefort et autres, soit pour les herbages de la Normandie. Les bœufs de Cholet, « la ville de la viande, la grande étable de Paris », sont fort appréciés; à poids égal, les bouchers parisiens donnent la préférence aux bœufs de Cholet sur ceux de toute autre provenance. Le quatre grands marchés de bœufs gras sont ceux de Cholet, Chemillé, Beaupréau et Montrevault; les marchés de bœufs maigres ont lieu à Combrée, au Lion-d'Angers et à Champigné.

Le département de Maine-et-Loire produit plus de grains qu'il n'en consomme. Le *blé* se récolte surtout dans les arrondissements de Cholet et de Segré, dans le canton de Vihiers et aux environs d'Angers, dans la haute vallée et dans les vallées de la Loire et de l'Authion; le *seigle*, dans la campagne de Durtal. Les environs de Saumur et d'Angers produisent d'excellents *légumes*; on estime les *melons* précoces de cette dernière ville, les melons communs de Mazé et les cantaloups d'Anjou. La culture du *chanvre* est fort importante dans les vallées de la Loire et de l'Authion.

Le **vin blanc** des coteaux *de Saumur* est renommé; il a de la finesse, du corps et un bon goût, mais il est capiteux et très-alcoolique. Le meilleur vient des crûs des Rotissans, de la Perrière, des Poilleux, des clos Morin et des communes de Dampierre, Chacé, Montsoreau, Parnay, Souzay, Turquant et Varrains. Les vins de Saint-Aubin-de-Luigné, sur la rive gauche de la Loire, et de Martigné, Faye, Beaulieu, sur la côte du Layon, sont réputés égaux à ceux du Saumurois. La rive droite de la Loire possède les crûs de Saint-Barthélemy, Épiré, Savennières, et surtout la *coulée de Serrant*, réputée sans égale en Anjou. — Les meilleurs *vins rouges* viennent de Champigny (clos des Cordeliers), près de Saumur, d'Allonnes, de Dampierre et de Varrains. Les vins de qualité inférieure sont transformés et livrés au commerce champanisés.

Le département est couvert d'un grand nombre d'arbres fruitiers, tels que pruniers, poiriers, pommiers, etc. Les prunes, pruneaux (de Sainte-Catherine surtout) et autres fruits secs, sont exportés en grande quantité à Paris, à Lyon et ailleurs. Les pommes des environs d'Angers sont expédiées à Paris ; celles de l'arrondissement de Segré sont employées à faire du cidre. Aux environs de Baugé on leur fait subir une légère cuisson avant de les expédier en Angleterre et en Russie.

La culture des *fleurs* forme une branche importante de l'industrie agricole. De belles pépinières existent dans plusieurs communes, et surtout à Angers, où M. Leroy, mort en juillet 1875, possédait à lui seul dix hectares de rosiers. Les îles et les rives de la Loire ont des *oseraies;* de riches et vastes prairies bordent divers cours d'eau angevins.

Les principales *forêts* du département sont celles de Beaulieu, d'Ombrée, de Chambier, Monnaie, de Longuenée, de Chandelais, de Baugé, de Bécon, du Parc, de Brossay, etc., où le chêne et le hêtre dominent et que peuplent des cerfs, des chevreuils et des sangliers. La superficie totale des bois de Maine-et-Loire dépasse 52,000 hectares.

XI

Industrie.

L'exploitation minérale la plus considérable du département est celle des ardoisières d'Angers. Ces **ardoisières** sont ouvertes sur un banc de schiste tégulaire qui se manifeste vers la butte d'Érigné, passe sous la Loire, traverse l'arrondissement de Segré et forme une zone qui se prolonge dans la Bretagne, jusqu'au département du Finistère. Toutefois la fissilité du schiste n'est pas la même partout. C'est dans les communes d'Angers, de Trélazé et de Saint-Barthélemy qu'elle offre les meilleures conditions d'exploitation.

L'exploitation des ardoisières, inconnues des Romains, n'a commencé qu'au moyen âge. Elle a fourni d'abord ces pierres noires dont les anciennes maisons étaient construites; elle donne aujourd'hui, et depuis longtemps, les feuilles légères d'ardoises dont on couvre les toits des maisons. Les neuf exploitations en activité occupent 5,250 ouvriers qui gagnent en moyenne, les ouvriers, 5 fr. 50 c. à 5 francs. les journaliers, 2 francs à 2 fr. 25 c. Les ouvriers se divisent en deux catégories, les *ouvriers d'à bas*, c'est-à-dire les mineurs et les *ouvriers d'à haut*, c'est-à-dire les fendeurs ou tailleurs.

Les premiers descendent dans les galeries au moyen du bassicot ou des échelles. Le *bassicot* est une caisse en bois rectangulaire suspendue à un câble et dans laquelle se montent, à l'aide d'un manége ou de la vapeur, du fond de l'ardoisière jusqu'à l'orifice du puits principal d'extraction, les blocs ou les débris d'ardoises, qui, chargés immédiatement sur des tombereaux, sont conduits près des tue-vents où ils doivent être fendus et taillés. Toutes les fois qu'un bassicot plein monte, un bassicot vide descend.

Les ouvriers d'à haut travaillent derrière des *tue-vents*, abris mobiles de paille qui les protégent pendant qu'ils refendent la pierre ardoisière. Pour accomplir ce travail avec succès, il faut que l'ardoise soit fraîchement montée: dès qu'elle est restée quelques jours à l'air, ce travail délicat de l'effeuillement ne réussit que difficilement. Après avoir divisé le bloc en l'appuyant le long de ses jambes, protégées par des matelas de chiffons, l'ouvrier y introduit une longue lame d'acier aussi mince que du papier. Puis, ces feuilles divisées par épaisseur sont réduites à des dimensions qui varient depuis 60 cent. sur 40 (mesure de la grande ardoise dite *anglaise*), jusqu'à 15 cent. sur 12 (petite ardoise pour la réparation des toits). Les petites ardoises sont celles qui offrent le plus de résistance, et les Angevins les emploient de préférence pour leurs toitures.

Les carrières d'ardoises d'Avrillé ont été abandonnées après avoir fourni jusqu'à sept millions d'ardoises par an.

Près de Chalonnes et de Saint-Georges, existe un bassin houiller de 4 kil. de largeur maxima, compris sur les deux rives et sous le lit de la Loire. Ce bassin, s'étendant dans les deux vallées de la Loire et du Layon, se prolonge dans la Loire-Inférieure jusqu'à Châteaubriant, et porte le nom de *Layon-et-Loire.* — Une mine d'*anthracite* est exploitée à Saint-Lambert

du Lattay, une autre à Montjean, une autre enfin à Saint-Geor-
ges-Chatelaison.

On exploite des *tuffeaux* dans les arrondissements de Saumur et de Baugé, tout le long de la rive gauche de la Loire, dont
le sol est fouillé d'excavations immenses, sur les bords du
Thouet et dans tout le pays de Doué, en partie habité en caves,
sur les rives du Loir et de la Sarthe. — Aux Sablons, près
de Beaupréau, existe un très-beau gisement de sable.

Enfin on trouve, sur le territoire, des minerais de fer (notamment près de Segré : trois concessions), des pierres à
chaux, des marbres, comme à Saint-Barthélemy (marbre
gris); du *grès* dans les coteaux entre Baugé et le Loir; des
pierres à bâtir renommées sous le nom de *pierres de Bécon*, et
des dépôts tourbeux dans la vallée de la Dive.

Les *sources minérales* les plus importantes sont celles de la
Jouanette, situées dans un charmant vallon, à 2 kilomètres de
Martigné-Briand; trois d'entre elles sont froides et inégale-
ment ferrugineuses; une quatrième, sulfureuse et légèrement
thermale. Autrefois très-fréquentées, ces eaux sont utiles dans
les cas d'anémie, de gastralgie, gastrite chronique, rachitisme.
— Dans les environs de Chemillé jaillit la source ferrugineuse
de *la Verdonnière*. Des fontaines de même nature se rencontrent à Angers même, sur le tracé d'un des nouveaux boule-
vards; à *l'Épervière*, près de Saint-Sylvain, à Luigné, et près
de Bouchemaine.

Pour l'industrie manufacturière, le premier rang appartient
à la ville de Cholet, un des premiers centres industriels de la
France. La fabrication des *toiles*, *siamoises*, et surtout celle
des **mouchoirs,** renommés pour leur bonne qualité et leur bon
marché, la fabrication des flanelles, la filature de la laine et du
coton, la blanchisserie des tissus divers y ont de nombreux repré-
sentants. Le rayon industriel de Cholet s'étend sur plus de 120
communes; 50,000 ou 60,000 ouvriers sont employés à la con-
fection de ses produits. On compte, dans la ville même ou dans
ses environs immédiats, 60 maisons de fabrique ou de vente;
500 à 600 habitants des communes voisines viennent, chaque

semaine, y vendre leurs produits et acheter les matières premières. L'alimentation de ces établissements représente un
chiffre énorme, dont les principaux articles sont : la houille,
le fer, la fonte, les huiles, le coton brut, la laine en suint, le
lin brut, les chiffons, les indigos, les acides, les bois, les cen-
dres gravelées pour teinture, les sels, les cristaux de soude, le
chlorure de chaux, le riz et la fécule pour le blanchiement et

Cholet.

l'apprêt. L'insuffisance de ses filatures force Cholet à demander
au dehors au moins 3 millions de kilogrammes de fil de lin, de
coton et de laine.

Outre celles de Cholet, on trouve des *filatures de laine* à
Angers, Chemillé, etc.; cette dernière localité a aussi des
fabriques de couvre-pieds de laine piqués, de flanelle, de laine
et de coton en pelotes et en écheveaux, de toiles, mouchoirs et
linge de table, des blanchisseries et teintureries, etc. Angers

possède de plus des *filatures de chanvre*. Angers, Montrevault et Beaupréau fabriquent des flanelles ; Fontevrault, Montrevault et Beaupréau, des toiles. La Chapelle-Rousselin, Jallais, Sainte-Christine, Trémentines, Beaupréau et plus de 100 communes, tant des Deux-Sèvres que de Maine-et-Loire, ont de nombreux métiers pour la fabrique de Cholet.

Saumur fabrique de petits objets de fantaisie en émail qui jouissent d'une réputation méritée, et surtout des *chapelets :* cette dernière industrie, dont les produits annuels se montent, dit-on, à la somme de 1,500,000 francs, occupe plus de six cents ouvriers.

Enfin on trouve dans le département : des corderies (Angers et Fontevrault), de nombreux fours à chaux, une papeterie (celle de Gouis, près de Durtal) ; des fabriques de bas, de billards, de bouchons, de cartes et de pipes, des huileries, des fabriques de voitures, des brasseries, à Angers ; une fabrique de rôts et lames pour le tissage (à Cholet), des tanneries, des mégisseries, des corroiries, des faïenceries, des poteries, briqueteries et fabriques de tuyaux de drainage, enfin des moulins et de nombreuses usines sur la Mayenne, la Sarthe, la Dive, le Loir, etc.

XII

Commerce, chemins de fer, routes.

Le commerce d'*exportation* est considérable. La ville de Cholet exporte à elle seule, chaque année, vers tous les grands centres de population, mais principalement à Paris : 100,000 bœufs et vaches engraissés qu'elle a reçus maigres du Poitou, de la Saintonge, du Limousin et de l'Auvergne ; 150,000 à 200,000 moutons, 25,000 à 50,000 porcs venus maigres du Craonais et de la Mayenne. Les chevaux et les mulets s'exportent aussi en grand nombre. Les vins de l'Anjou, connus dans le commerce sous le nom générique de vins du Saumurois, sont l'objet d'un commerce *actif*. Les fruits, frais ou secs, les ardoises d'Angers, les mouchoirs et autres articles du rayon industriel de Cholet, les grains, les légumes secs, les melons, les graines de trèfle, les eaux-de-vie, les cuirs, etc., forment aussi une branche fort importante de l'industrie commerciale du département.

L'*importation* comprend les matières premières pour les filatures, les articles de librairie, d'épicerie, de modes, de nouveautés, le sel, les denrées coloniales, les porcelaines, la verrerie, les articles d'horlogerie et de bijouterie, etc., et environ 1,100,000 quintaux métriques de houille provenant de Blanzy et du Creuzot (Saône-et-Loire), de Brassac (Puy-de-

Pont de Briollay, sur le Loir.

Dôme), Commentry (Allier), Decize (Nièvre), Vouvant et Chantonnay (Vendée), du Maine, d'Angleterre et de Belgique.

Le département de Maine-et-Loire est traversé par 4 chemins de fer, offrant un développement total de 205 kilom. :

1° Le chemin de fer *de Paris à Nantes*, qui suit la rive droite de la Loire, traverse le département de l'est à l'ouest. Il y entre à 1,500 mètres en deçà de la station de Varennes-sur-Loire et en sort à 500 mètres au delà de la station d'Ingrandes, après avoir desservi, sur un parcours de 89 kilomètres, les gares et stations de Varennes, Saumur, Saint-

Martin-sur-Loire, les Rosiers, la Ménitré, Saint-Mathurin, la Bohalle, Trélazé, Angers, la Pointe, les Forges, la Possonnière, Saint-Georges, Champtocé et Ingrandes.

2° Le chemin de fer *du Mans à Angers* passe du département de la Sarthe dans celui de Maine-et-Loire à 4 kilomètres en deçà de la station de Morannes. Suivant la rive gauche de la Sarthe, il passe aux stations de Morannes, Étriché-Château-neuf, Tiercé, franchit le Loir, puis dessert Saint-Sylvain-Briollay et Écouflant avant d'atteindre Angers. Son parcours est de 38 kilomètres.

3° La ligne *de la Possonnière à Niort* a pour stations Cha-lonnes, la Jumellière, Chemillé, Trémentines, Cholet et Maulé-vrier. A 2 kilomètres après cette dernière, elle pénètre dans le département des Deux-Sèvres, après un développement de 56 kilomètres dans celui de Maine-et-Loire.

4° Le chemin de fer de *Saumur à Loudun* a une longueur de 22 kilomètres dans le département de Maine-et-Loire, où il dessert Chacé-et-Varrains, Saint-Cyr-en-Bourg et Montreuil-Bellay. Il entre dans la Vienne en franchissant la Dive à la gare de la Motte-Bourbon.

Plusieurs autres chemins de fer sont en construction, concé-dés, ou en projet; ce sont ceux : d'Angers à Laval par Segré et le lion d'Angers, d'Angers et de la Possonnière à Montreuil-Bellay, de Cholet vers Nantes, de Beaupréau à Chalonnes, de Faye à Chalonnes et de Beaufort à Angers, et de Sablé à Cha-teaubriant par Chateau-Gonthier, Segré et Ponancé.

Les voies de communication comptent 6,963 kilomètres, savoir :

4 chemins de fer.		205 kil.	
14 routes nationales.		563 1/2	
29 routes départementales.		829	
	51 de grande communica-tion	995 1/2	
1,207 chemins vi-cinaux.	125 de moyenne commu-nication.	1,489	4,985 1/2
	1,054 de petite communi-cation.	2,501	
6 rivières navigables.		380	

XIII

Villes, bourgs, villages et hameaux curieux.

Allençon, canton de Thouarcé. ⟫→ Église : parties romanes.

Ambillou, canton de Gennes. ⟫→ Église du xıı° siècle.

Andard, canton (Sud-Est) d'Angers. ⟫→ Église du xı° siècle.

Angers, chef-lieu du département, située sur la Maine, entre le point où cette rivière reçoit la Sarthe et le Loir, et celui où elle se jette dans la Loire, est une des villes les plus curieuses de France au point de vue monumental et aussi une de celles qui font le plus d'efforts pour s'embellir. ⟫→ *Cathédrale* ou *Église Saint-Maurice* (mon. hist[1].), très-curieux édifice des xıı° et xııı° siècles, longue intérieurement de 91 mètres, large de 56 (au transsept). La porte principale est ornée de 8 grandes statues représentant des personnages bibliques, de statuettes d'anges et de vieillards couronnés, et d'un grand bas-relief ; au-dessus s'ouvre une grande fenêtre accompagnée d'arcades aveugles. Trois tours couronnent la façade ; celle de gauche, haute de 71 mètres, et celle de droite, haute de 75, ont pour couronnements de magnifiques flèches en pierre exécutées de 1518 à 1525, restaurées en 1834. A la base de la tour centrale, ajoutée en 1540 (style de la Renaissance), on voit une rangée imposante de huit guerriers armés de pied en cap ; un dôme couronne cette troisième tour. La nef, longue à l'intérieur de 47 mètres, large de 16m,40, haute de 26 mètres, est dépourvue de bas-côtés et couverte de voûtes en ogive, bombées comme des coupoles et d'aspect grandiose. Des voûtes analogues de forme et de dimensions égales ont été jetées sur le transsept et sur le chœur, que termine une abside. Deux vastes chapelles ont été ajoutées à la nef, à la première travée ; la plus intéressante date en partie du xııı° siècle. A l'extrémité du croisillon méridional s'ouvre une large rose du xııı° siècle. Les anciens vitraux de Saint-Maurice forment une riche et précieuse collection ; quelques-uns, dans la nef, remontent à l'année 1170. On remarque en outre, dans la cathédrale ou dans ses deux chapelles : le maître-autel (1699) ; la chaire, en bois sculpté, ornée de personnages bibliques ou allégoriques ; l'orgue (xvı° siècle) ; une sainte Cécile et un calvaire sculptés par David ; une très-belle cuve antique de marbre vert, donnée par le roi René ; de belles tapisseries du xıv° au xvııı° siècle ; le tombeau de l'évêque Claude de Rueil (xvıı° siècle), avec statue en marbre blanc. — *Saint-Serge* (monum. histor.), peu intéressante à l'extérieur, se compose d'une triple nef du xv° siècle, et d'un chœur rectangulaire de la fin du xıı° siècle, dont les colonnes et les voûtes sont d'une grâce charmante. Jolie piscine du xvı° siècle. — *La Trinité* (mon. hist.), édifice original par la composition de ses voûtes à ogive et quelques autres dispositions intérieures, date du xıı° siècle, sauf le clocher, bel ouvrage de la Renaissance. Deux belles portes romanes ; jolis détails dans les chapiteaux, les modillons, et les arcs. Maître-autel orné de bas-reliefs en bois doré du xvı° siècle ; beau Christ sculpté par Maindron ; escalier tournant, en bois, de la Renaissance. — *Saint-Laud*, en reconstruction dans le style du xıı° siècle, avec crypte ren-

---

[1] On appelle *monuments historiques* les édifices reconnus officiellement comme présentant de l'intérêt au point de vue de l'histoire de l'art, et susceptibles, pour cette raison, d'être subventionnés par l'État.

fermant une statue vénérée de la Vierge. — *Saint-Joseph*, église bâtie de nos jours dans le style angevin du xiii° siècle; maître-autel, riche imitation du style gothique; deux bons tableaux. — *La Madeleine*, pauvre masure du xi° siècle. — *Saint-Léonard* (xviii° siècle). — *L'Oratoire* date des xvii° et xviii° siècles. — *Saint-Jacques*, mêmes dates, sauf la façade, conservée d'un édifice bâti en 1123. — *Sainte-Thérèse*, bâtie de 1860 à 1862 dans le style du xiii° siècle; belle flèche; peintures murales. — *Chapelle de la Barre* (xvii° siècle); groupe admirable, sculpté par Biardeau. — *Église des Ursulines* (xvii° siècle); retable curieux. — *Église des Carmélites* (1715-1751). — Magnifiques *églises* modernes, construites dans les styles du xii° et du xiii° siècle pour les principales communautés religieuses d'Angers : pour les *Jésuites*, les *Pères de l'Adoration*, les *Franciscains*, le *grand séminaire*, les *Augustines*, les *Dames du Bon-Pasteur*, les *Sœurs de la Retraite*, etc. — Magnifique *palais épiscopal*, comprenant une belle galerie et une salle synodale du xii° siècle, un joli escalier de la Renaissance, et un vaste corps de bâtiment construit de nos jours dans le style roman. Il y a été formé un *musée ecclésiologique*. — *Palais épiscopal d'été*, moderne; élégante chapelle avec de beaux vitraux. — Joli *temple protestant* (1862).

Les églises supprimées ou annexées aux établissements civils présentent un grand intérêt : — *Toussaint* (mon. hist.), une des plus belles ruines de l'Anjou, du xiii° siècle, a été rebâtie en partie au xviii° suivant ses dispositions primitives. Elle renferme un musée lapidaire. — La nouvelle église de la *Madelaine*, en construction, sera la reproduction de Toussaint. — *Le Ronceray* (mon. hist.), aujourd'hui chapelle de l'École des Arts-et-Métiers, a été bâtie par Foulques Nerra; mais elle fut reconstruite presque en entier un demi-siècle après lui. — *Saint-Martin* (mon. hist.) remonte, dans sa nef ruinée et dans son transsept surmonté d'un clocher, au commencement du xi° siècle et peut-être jusqu'au temps de sa fondatrice Hermengarde,

femme de Louis le Débonnaire. Le chœur est un charmant spécimen du style ogival angevin du xii° siècle. — De la splendide église abbatiale de *Saint-Aubin*, bâtie aux xi° et xii° siècles, il ne reste qu'une imposante tour (mon. hist.), haute de 52 mètres. — *Chapelle de l'Esvière* (xii° et xv° siècles); anciennes fresques. — Dans le Jardin des Plantes, petite *chapelle Saint-Samson* (xi°, xv° et xviii° siècles). — Restes de l'*église Saint-Évroult* (xii° et xvii° siècles), près du château.

Château (mon. hist.), converti en poudrière; c'est une des plus imposantes forteresses du moyen âge; il fut construit par saint Louis au xiii° siècle. Belles tours rondes, au nombre de dix-sept, construites en ardoises avec des cordons de pierres de taille; jolie chapelle du xv° siècle; chapelle souterraine plus ancienne. — Près du château, *statue du roi René*, en bronze, œuvre de David d'Angers, inférieure aux douze statues historiques, également en bronze, qui ornent le piédestal. — — La *préfecture* occupe les bâtiments de l'abbaye de Saint-Aubin; une magnifique série d'arcades (mon. hist.) subsiste de l'ancien cloître roman, qui représentent en sculpture plusieurs sujets bibliques. Dans l'ancienne sacristie, boiseries remarquables. — *Hôtel de ville*, ancien collège d'Anjou (1691). — *Tribunaux*, en construction. — Anciennes *halles* du xvi° siècle, en bois. — *Marchés couverts* (1872). — Trois *ponts* modernes. — Magnifique *théâtre* (1871); remarquables peintures de la voûte, par M. Lenepveu, et du foyer, par M. Dauban. — *Lycée*, récemment reconstruit. — *École des Arts-et-Métiers* (1815). — *Hospice Sainte-Marie*, vaste établissement moderne, dominé par le dôme doré de sa chapelle; dans cette chapelle, fresques remarquables, de MM. Lenepveu, Appert et Dauban, exécutées en partie aux frais du peintre Bodinier. — — Ancien hôtel-Dieu ou *hôpital Saint-Jean* (mon. hist.), consacré, par un vote récent du conseil municipal, à l'installation du musée archéologique. Magnifique salle à trois nefs de la

Cathédrale d'Angers.

fin du xii° siècle, longue de 48 mètres, large de 17, dont la voûte est soutenue par quatorze élégantes colonnes; charmante chapelle consacrée en 1184; restes d'un cloître des xii° et xvi° siècles; vastes magasins à trois nefs, couverts en charpente et éclairés de deux côtés par des fenêtres romanes; bâtiments divers des xii° et xvi° siècles.

Nombreuses *maisons en bois* très-remarquables(xv° et xvi° siècles); la plus curieuse est la *maison Adam;* — maisons en pierre des xv°, xvi° et xvii° siècles; nous citerons en particulier : — *l'hôtel Pincé* (1523-1530), charmante construction de la Renaissance; — le *logis Barrault,* bâti par un maire d'Angers de ce nom, vers 1500; — la *maison* dite *de la Voûte* (xv° siècle et Renaissance), ancien lieu de refuge des moines de l'abbaye Saint-Nicolas, puis des Pénitentes. — *Hôtel Lanlivy* et *de la Besnardière,* bâtis vers 1782. — Les *hôtels de Danne* et *Lancreau* renferment deux magnifiques cheminées de la Renaissance. — Beau bâtiment moderne à colonnade, construit pour le principal *cercle* d'Angers; bas-relief par Maindron; salle de concert.

Le logis Barrault renferme un riche *musée municipal* qui comprend plus de 330 tableaux de Noël Coypel, Mignard, Boucher, Lancret, Flandrin, Pater, Restout, Gérard, Bodinier, du Dominiquin (?), de Philippe de Champaigne, de Jordaëns, de Ruysdaël, de Ribera, et surtout un tableau de Raphaël (sainte Famille); des sculptures de Falconet le Jeune, Houdon, Maindron, Canova. La collection Turpin de Crissé est jointe au musée. Le *musée David* forme une collection à part où ont été réunis les maquettes originales ou les moulages de toutes les œuvres du célèbre sculpteur David d'Angers et plusieurs de ses œuvres originales (bustes, statues, bas-reliefs, médaillons); il s'y trouve aussi divers objets d'art lui ayant appartenu. — *Musée d'antiquités,* à l'hôpital Saint-Jean. — *Muséum d'histoire naturelle.* — Joli *Jardin Botanique.* — Belle promenade du *Mail.*

Angrie, canton de Candé. ⟶ Jolie église moderne. — Beau château (1831).

Antoigné, canton de Montreuil-Bellay. ⟶ Dolmen. — Curieuse église romane; belle tombe du xiv° siècle.

Armaillé, canton de Pouancé. ⟶ Menhir, haut de 5 mètres et demi. — Château du Bois-Geslin (xvi° et xvii° siècles).

Maison Abraham (aujourd'hui détruite), à Angers.

Maison Adam, à Angers.

Artannes, canton (Sud) de Saumur. ➼ Menhir. — Débris romains.

Asnières, V. Cizay.

Aubigné-Briant, canton de Vihiers. ➼ Curieuse église des xie et xiiie siècles; beau clocher roman; cette église est située dans l'enceinte d'un château ruiné du xiiie siècle, flanqué de tours.

Aubin-de-Luigné (Saint-), canton de Chalonnes. ➼ Église de la Renaissance; belle pierre tombale du xvie siècle. ➼ Élégant presbytère de la Renaissance; belle cheminée. — Château ruiné de la Basse-Guerche (xvie siècle).

Aviré, canton de Segré. — Dans l'église, belle sculpture du xviie siècle, représentant l'Adoration des Mages. — Joli manoir du xvie siècle.

Avrillé, canton (Nord-Ouest) d'Angers. — Jolie église moderne, de style ogival; anciennes stalles provenant du prieuré de la Haie-aux-Bons-Hommes, dont la chapelle existe encore.

Auverse, canton de Noyant. ➼ Château de la Blanchardière (xvie siècle); motte entourée de fossés qui supportait le donjon primitif.

Bagneux, canton (Sud) de Saumur. ➼ Célèbre dolmen, ou allée couverte (mon. hist.) « formée d'une série de dolmens mesurant 20 mètres de longueur, 7 mètres de largeur et 3 mètres 25 centimètres de hauteur à l'entrée, vers le fond, 2 mètres 50 seulement. En tout 21 pierres de grès la composent, dont seize verticales, s'enfonçant de 3 mètres dans le sol, quatre en couverture, dont une primitivement fendue et soutenue à l'intérieur par une pierre fichée en terre; une cinquième recouvrait le petit vestibule et est tombée. L'ouverture se présente vers le sud-est. La surface entière égale 140 mètres carrés. — Menhir. — Dolmen long de 6 mètres. — Jolie église moderne, romane. — Manoir à tourelle de la Perrière, restauré; collection de faïences, d'armes, d'émaux et de tissus d'Orient.

Barthélemy (Saint-), canton (Nord-Est) d'Angers. ➼ Beau château, parc et orangerie de Pignerolles (1770).

Baugé, chef-lieu d'arrondissement, sur le Couesnon. ➼ Château du xve siècle, remanié; admirable escalier, couronné par une voûte à nervures en forme de palmier et attribué au bon roi René (V. Histoire). — Dans la Chapelle de l'hospice, deux toiles attribuées à Van Dyck et à Philippe de Champaigne. — — Dans la chapelle des Incurables, belle croix-reliquaire (xiiie siècle) provenant de l'abbaye de la Boissière.

Bauné, canton de Seiches. ➼ Église romane.

Beaucouzé, canton (Nord-Ouest) d'Angers. ➼ Dans l'église, deux tableaux remarquables.

Beaufort-en-Vallée, chef-lieu de canton. ➼ Ruines d'un château des xie, xiiie, xive et xve siècles. — Église des xve et xvie siècles; beau clocher de la Renaissance, haut de 48 mètres. — Statue de Jeanne de Laval, femme du roi René, morte au château de Beaufort en 1498. — Curieuse maison de Jean Chardavoine, poëte et musicien du xvie siècle. — Château de la Blinière (xviie et xviiie siècles). — Restes du prieuré d'Avrillé (xive, xve et xviiie siècles). — Beau collége moderne.

Beaulieu, canton de Thouarcé. ➼ Église ogivale (1843-1845); beaux vitraux. — Chœur roman de l'ancienne église; anciennes peintures murales. — Hôtel Desmazières, élégante construction du xviiie siècle. — Dolmen de Monthenault.

Beaupréau, chef-lieu de canton. ➼ Église Saint-Martin (xie siècle). — Église Notre-Dame, reconstruite de 1857 à 1863 dans le style du xive siècle; haute flèche dentelée en pierre; joli vitrail. — Beau château moderne; parc magnifique. — Ancien collége (1710), occupé par un petit séminaire.

Bégrolle, canton de Beaupréau. ➼ Abbaye de Belle-Fontaine (restes d'une église du xiie siècle), aujourd'hui occupée par les Trappistes.

Béhuard, canton de Saint-Georges. ➼ Dans l'église (xve et xviie siècles), stalles sculptées du xve siècle; curieuse statue de la même époque; portrait de Louis XI, donné par Charles VIII; divers objets et ornement sacerdotal du xve siècle dans la sacristie.

Belle-Fontaine, V. Bégrolle.

Blaison, canton des Ponts-de-Cé.

Hôtel d'Anjou, à Angers.

»»→ Église remarquable des xiie et xve siècle; 40 belles stalles. — Château en partie ruiné (xiie et xvie siècles); motte artificielle.

Blou, canton de Longué. »»→ Église des xe et xiie siècles, longue de 40 mètres; clocher du xiiie siècle; joli tableau du xviie siècle.

Boissière-Saint-Florent (La), canton de Montrevault. »»→ Dans la sacristie de l'église, beau Christ en argent et statue de la Vierge du xvie siècle.

Bouillé-Ménard, canton de Pouancé. »»→ Dans l'église, tableau remarquable du xviie siècle. — Château féodal.

Bourg-d'Iré, canton de Segré. »»→ Magnifique château moderne de la Maboulière, bâti pour M. de Falloux sur les plans du duc de Valmy, style du xviie siècle; dans la chapelle, admirable retable en bois du xve siècle, dont les sculptures représentent la Pas-

Château de Baugé.

sion. — Château de la Douve, propriété de M. d'Armaillé.

Bouzillé, canton de Champtoceaux. »»→ Château moderne de la Bourgonnière; charmante chapelle de la Renaissance renfermant un joli vitrail et un retable sculpté.

Breil, canton de Noyant. »»→ Jolie église des xiie et xiiie siècles, re-taurée; beau clocher avec flèche en pierre; joli reliquaire du xiiie siècle.

Brézé, canton de Montreuil-Bellay.

»»→ Château du xive siècle, restauré. — Chez M. Courtade, belle collection de tableaux et d'objets d'art.

Briollay, canton de Tiercé. »»→ Dans l'église, curieuse sculpture du xie siècle.

Brion, canton de Beaufort. »»→ Belle église romane, restaurée.

Brissac, canton de Thouarcé. »»→ Beau château construit, de 1608 à 1616, par le premier duc de Brissac; deux tours à mâchicoulis, des xiiie et xive siècles; chapelle décorée par David (d'Angers).

Broc, canton de Noyant. ➤ Dolmen.

Candé, chef-lieu de canton. ➤ Belle église, construite en 1873.

Cernusson, canton de Vihiers. ➤ Motte féodale.

Cerqueux-de-Maulévrier (**Les**), canton de Cholet. ➤ Monuments druidiques.

Chacé, canton (Sud) de Saumur.

➤ Château ruiné du Bois-de-Samoussay (xve siècle).

Chalonnes-sur-Loire, chef-lieu de canton. ➤ Église Notre-Dame (xiie et xvie siècles). — Pont suspendu.

Chambellay, canton du Lion-d'Angers. ➤ Château de Bois-Montboucher (xve, xviie et xixe siècles); objets d'art des xvie et xviie siècles).

Champigné, canton de Châteauneuf. ➤ Château de Charnacé (xvie et xviie siècles).

Église de Cunault.

Champtocé, canton de Saint-Georges. ➤ Ruines d'un château du xive siècle.

Champtoceaux, chef-lieu de canton. ➤ Dans l'église, statue par Maindron; joli tableau sur bois du xve siècle (école italienne?). — Curieuses ruines de l'ancienne ville forte.

Chanteloup, canton de Cholet. ➤ Château ruiné de la Coudre (xive siècle).

Chapelle-sur-Oudon (**La**), canton de Segré. ➤ Croix des Demoiselles (xvie siècle). — Château de la Lorie.

Charcé, canton de Thouarcé. ➤

Double dolmen, près de la métairie du Beaupréau; à côté, menhir.

Châteauneuf, chef-lieu de canton, sur la Sarthe. ➤ Église du xiie siècle. — Ruines d'une tour du xie siècle.

Chaudefonds, canton de Chalonnes. ➤ Pont du xiiie siècle, sur le Layon.

Chazé-Henry, canton de Pouancé. ➤ Église moderne, style du xiiie siècle.

Cheffes, canton de Tiercé. ➤ Clocher du xiiie siècle; belle inscription.

Chemellier, canton de Gennes. ➤

Dolmen, dans le bois de la Pierre-Couverte.

Chemillé, chef-lieu de canton. »»→ *Église Notre-Dame* (mon. hist.), du XIIᵉ siècle, remaniée au XVᵉ siècle, puis au XVIᵉ dans le style de la Renaissance. Beau clocher roman à trois étages, avec flèche en pierre du XVIᵉ siècle. Curieuses fresques (1587). »»→ Église Saint-Pierre (XVᵉ, XVIᵉ et XIXᵉ siècles); fresques anciennes, clocher roman à deux étages.

Chemiré-sur-Sarthe, canton de Châteauneuf. »»→ Église romane. — Logis du Chapitre (XVIᵉ siècle).

Chênehutte-les-Tuffeaux, canton de Gennes. »»→ Ancienne enceinte d'un oppidum gaulois et d'une villa gallo-romaine. — Restes d'un prieuré du XVIᵉ siècle, réunis aux ruines d'une petite église romane. — Église des Tuffeaux (Xᵉ et XIᵉ siècles).

Cheviré-le-Rouge, canton de Baugé. »»→ Clocher roman.

Chigné, canton de Noyant. »»→ Curieuse église des XIIᵉ et XIVᵉ siècles; deux belles statues romanes (saint Pierre et saint Paul). — Dolmen. — Peulvan haut de 4 mètres.

Cholet, chef-lieu d'arrondissement, ville manufacturière, sur la Moine. »»→ Magnifique église Notre-Dame, (style du XIIIᵉ siècle); le chœur et le transsept sont seuls achevés. Autel en cuivre doré, avec sculptures; beaux vitraux. — Pont du XVᵉ siècle, sur la Moine. — Dolmen. — Plusieurs menhirs.

Cizay, canton de Montreuil-Bellay. »»→ Clocher à flèche du XIIᵉ siècle. — Magnifiques restes de l'abbaye d'Asnières, convertis en ferme : cloître du XIIᵉ siècle; église ruinée du XIIIᵉ siècle; chapelle abbatiale du XIVᵉ siècle, renfermant des statues et des sculptures.

Clefs, canton de Baugé. »»→ Église romane.

Combrée, canton de Pouancé. »»→ Collège ecclésiastique, bâti de 1854 à 1858; chapelle, style du XIIIᵉ siècle.

Coron, canton de Vihiers. »»→ Deux menhirs.

Gorzé, canton de Seiches. »»→ Dans l'église, beau tableau du XVIIᵉ siècle. — Deux dolmens.

Coudray-Macouard (Le), canton de Montreuil-Bellay. »»→ Église : curieux chapiteaux du XIIᵉ siècle; près de l'église, bâtiment du XIIIᵉ siècle. — Restes d'une commanderie.

Courléon, canton de Longué. »»→ Église romane.

Coutures, canton de Gennes. »»→ Dolmen.

Cunault, commune de Trèves-Cunault. »»→ Église romane (mon. hist.), achevée au XIIIᵉ siècle. Le vaisseau, composé de trois nefs, a 73 mèt. de longueur, 23 mèt. de largeur près de la porte principale, 20 mèt. vers l'abside, 20 m. de hauteur sous voûte vers la grande porte et 16 mèt. à l'extrémité du chœur. La tour, d'un style roman très-orné, est couronnée par une flèche en pierre. A l'intérieur, les chapiteaux des colonnes, au nombre de plus de 200, sont ornés de sculptures variées, et tous les murs sont décorés de peintures à fresque d'une belle exécution. Ce magnifique édifice a été, il y a quelques années, l'objet d'une complète et habile restauration. Il faisait partie d'un prieuré. — L'ancienne église paroissiale (XIIᵉ et XIIIᵉ siècles) subsiste encore à demi ruinée, dans le cimetière.

Cuon, canton de Baugé. »»→ Curieuse église romane; très-beau clocher du XIIᵉ siècle, avec flèche conique en pierres taillées en forme d'écailles.

Cyr-en-Bourg (Saint), canton de Montreuil-Bellay. »»→ Château ruiné de la Bouchardière (XIVᵉ siècle).

Dampierre, canton (Sud) de Saumur. »»→ Dans l'église, curieux tableau du XVIIᵉ siècle.

Daumeray, canton de Durtal. »»→ Ruines du prieuré de Saint-Martin (XIᵉ et XIIᵉ siècles).

Dénezé, canton de Doué. »»→ Dolmen à Saugré. — Église du XIᵉ siècle (mon. hist.).

Dénezé-sous-le-Lude, canton de Noyant. »»→ Près d'un beau château moderne, ruines de l'abbaye de la Boissière, fondée en 1131; chœur d'église du XIIᵉ siècle; chapelle isolée du XIVᵉ siècle.

Distré, canton (Sud) de Saumur. »»→ Église du XIᵉ siècle. — Église de Chétigné (XIᵉ et XIIᵉ siècles). — Château de Pocé (mon. hist.) du xvᵉ siècle — Butte à Matto, curieux assemblage de monuments mégalithiques, ruinés.

Douces, canton de Doué. ⟫⟶ Prétendu amphithéàtre romain de Doué (mon. hist.) : ce n'est qu'une carrière abandonnée dont les dispositions ont été utilisées, du xvᵉ au xviiᵉ siècle, pour les représentations scéniques.

Doué, chef-lieu de canton. ⟫⟶ Motte féodale. — A la Chapelle-sous-Doué, autre motte féodale (43 mètres de hauteur), avec souterrains et débris de fortifications. — Belles fontaines

Ruines de l'abbaye de Fontevrault.

(1768). — Ruines de l'église collégiale de Saint-Denis (mon. hist.), des xiiᵉ et xiiiᵉ siècles.

Durtal, chef-lieu de canton, sur les deux rives du Loir. ⟫⟶ *Château,* imposante construction du xvᵉ et du xviiᵉ siècle, ayant appartenu aux deux maré-chaux de Schomberg, malheureusement remanié. Deux belles tours à màchicoulis et toits pyramidaux; fresques du xviiᵉ siècle; magnifique situation. — *Église Notre-Dame,* reconstruite dans le style du xiiiᵉ siècle; ancien clocher roman. — A *Gouis,* église du xiᵉ siècᵉ

Échemiré-Rigné, canton de Baugé. ⟶ Menhir. — Ancien prieuré de Saint-Bihien (xııe et xvıe siècles).

Écouflant, canton (Nord-est) d'Angers. ⟶ Ancienne abbaye du Perray-aux-Nonnains, fondée au commencement du xıııe siècle pour des religieuses cisterciennes et convertie en ferme.

Écuillé, canton de Tiercé. ⟶ Château du Plessis-Bourré, construit par Jean Bourré, ministre des finances sous Louis XI. Cet édifice, parfaitement conservé, est entouré de larges fossés que franchit un pont de sept arches. Aux angles du quadrilatère s'élèvent quatre belles tours cylindriques à màchicoulis et toits aigus, dont la plus forte servait le donjon. Le plafond de la salle des gardes offre de curieuses peintures du temps de Jean Bourré, divisées en six compartiments dont chacun renferme quatre tableaux (proverbes en action avec légendes rimées).

Faveraie, canton de Thouarcé. ⟶ Église du xıe siècle.

Feneu, canton de Tiercé. ⟶ Joli château de Sautré.

Ferrière (La), canton de Segré. ⟶ Deux dolmens.

Fief-Sauvin (Le), canton de Montrevault. ⟶ Menhir. — Oppidum gaulois et ruines romaines à la Segourie et à Nombault.

Florent (Saint-), commune de Saint-Hilaire-Saint-Florent. ⟶ Bâtiments (xıe et xvııe siècles), église du xııe au xıııe s., porche gothique et crypte romane, restes de l'abbaye de Saint-Florent.

Florent-le-Vieil (Saint-), chef-lieu de canton, sur un coteau de la rive gauche de la Loire. ⟶ Église (mon. historique), des xıııe et xıve siècles ; magnifique tombeau du chef vendéen Bonchamp (statue et bas-reliefs exécutés par David d'Angers). — Dans le cimetière, ruines d'une jolie chapelle du xve siècle. — Pont suspendu sur la Loire. ⟶ Cromlech dit de Botz.

Fontaine-Guérin, canton de Beaufort. ⟶ Beau dolmen de la Pierre-Couverte ; autre dolmen, ruiné. — Motte féodale nommée le Tertre-Mooron. — Église du xıe siècle ; vaste lambris entièrement recouvert de peintures.

Fontevrault, canton (Sud) de Saumur. ⟶ Magnifique église, qui dépendait d'une ancienne abbaye, classée tout entière parmi les monuments historiques, et convertie malheureusement en maison de détention. Nef unique, flanquée de deux tours à la façade et couverte en coupoles ; large transsept ; déambulatoire et chapelles rayonnantes autour de l'abside ; longueur totale, 89 mètres ; hauteur sous les coupoles, 19 mètres. Dans le transsept sont déposées les quatre statues tombales d'Henri II, roi d'Angleterre et duc d'Anjou, d'Éléonore de Guienne, de Richard Cœur-de-Lion et d'Isabeau d'Angoulême, femme de Jean-Sans-Terre. Ces statues, dont une est en bois et les trois autres en pierre, sont éminemment remarquables tant au point de vue historique qu'au point de vue artistique : le gouvernement anglais les demanda, en 1867, à la France ; mais l'opinion publique força Napoléon III à les lui refuser après en avoir promis la cession. Cloître élégant du xııe siècle, magnifiquement restauré à l'époque de la Renaissance. Salle capitulaire du xvıe et du xvııe siècle, avec peintures murales. Construction pyramidale du xııe siècle, appelée tour d'Évrault, et sur laquelle ont été émis les systèmes les plus ingénieux. Ce n'était que le bâtiment des cuisines de l'abbaye. Le réfectoire, de style ogival, et les autres bâtiments, reconstruits en partie au xvııe siècle, sont remarquables aussi. L'enceinte de l'abbaye renferme, outre la grande basilique, deux petites églises du xııe siècle, Saint-Lazare et Saint-Benoît, dont chacune avait son cloître particulier. — L'église paroissiale, assez curieux édifice du xııe siècle, renferme plusieurs objets d'art provenant de l'abbaye et entre autres le maître-autel, exécuté vers 1620. — Sur la promenade publique, chapelle Sainte-Catherine (xıııe siècle), que couronne une charmante colonne funéraire.

Fougeré, canton de Baugé. ⟶ Église du xııe siècle, avec voûte du xve siècle couverte de peintures (fin du xvıe siècle).

Freigné, canton de Candé. ⟫⟶ Deux menhirs. — Château de Bourmont (XVᵉ, XVIᵉ et XVIIIᵉ siècles), ayant appartenu au maréchal de ce nom; bustes, portraits et objets historiques.

Gée, canton de Beaufort. ⟫⟶ Église du XIᵉ siècle.

Gemme-d'Andigné (Sainte-), canton de Segré. ⟫⟶ Trois menhirs à la Blanchaie. — Château de la Blanchaie (XVIIᵉ siècle); jolie chapelle.

Gemme-sur-Loire (Sainte-), canton des Ponts-de-Cé. ⟫⟶ Fameux retranchement de Frémur, appelé camp de César, dans l'angle formé par le confluent de la Loire et de la Maine

Tour d'Évrault, à Fontevrault.

l'enceinte, défendue du côté des terres par une levée haute sur certains points de 6 à 8 mètres, a une contenance de 35 ares environ; elle était traversée par le Ruisseau-Doré, au nord duquel se trouvent les vestiges d'une petite enceinte semi-circulaire formée de terre rapportée (4 à 5 mètres de hauteur). Au centre, sur un monticule factice, chapelle de Sainte-Apolline (XIIIᵉ-XIVᵉ siècle), attenant à l'ancien prieuré des Châteliers. — Tout près de là, au sud, bains romains récemment mis au jour. — Église du XIIIᵉ siècle. — Châteaubriant, château des XVIIᵉ et XVIIIᵉ siècles — Asile départemental d'aliénés.

Gennes, chef-lieu de canton, sur un coteau de la rive gauche de la Loire. ➤ Menhir. — Magnifique dolmen de la Madeleine, composé de dix pierres, long de 11 mètres. — Près de la fontaine d'Avort, qui passe pour avoir des propriétés dangereuses, beau dolmen de la Pagerie. — Nombreuses ruines romaines et du moyen-âge : restes déblayés d'un théâtre, d'un aqueduc et d'une salle de bains circulaire (*sudatorium*) autour de laquelle rayonnaient huit cellules carrées, dont trois sont bien conservées. — Églises Saint-Eusèbe et Saint-Vétérin (mon. hist.), remontant en partie, au moins au IXᵉ siècle. — Église de Milly (XIᵉ siècle). — Château ruiné de Bellevue, ancien rendez-vous de chasse du maréchal de Maillé-Brézé. — Beaux dolmens de la Cour-d'Avort et de la Forêt.

Genneteil, canton de Noyant. ➤ Église du XIIᵉ siècle ; beau portail.

Georges-Châtelaison (Saint-), canton de Doué. ➤ Église des XIᵉ et XIIIᵉ siècles ; beau clocher.

Georges-des-Sept-Voies (Saint-), canton de Gennes. ➤ Église du XIᵉ siècle. — Monuments mégalithiques nombreux et remarquables.

Georges-sur-Loire (Saint-), chef-lieu de canton. ➤ Château de Chevigné (XVIIᵉ siècle). — *V.* Serrant.

Germain (Saint-), canton de Montfaucon. ➤ Près de la métairie de la Davière, singulier monument druidique, reposant sur un monticule artificiel élevé au centre d'une enceinte de pierres rondes et plates ; ce monument porte à son sommet un assemblage de gros blocs, dont l'un, creusé en cuvette, forme un bassin terminé par une rigole qui aboutit à l'extrémité de la pierre.

Germain-des-Prés (Saint-), canton de Saint-Georges. ➤ Sur la colline Saint-Roch, but de pèlerinage, deux statues colossales.

Gesté, canton de Beaupréau. ➤ Château de la Brûlaire.

Gonnord, canton de Thouarcé. ➤ Belle église moderne. — Restes d'un château.

Hilaire-du-Bois (Saint-), canton de Vihiers. ➤ Château du Coudray-Montbault (XIIIᵉ, XVᵉ et XVIᵉ siècles) ; décoration losangée de briques rouges et de briques noires. — Belles ruines d'une église priorale (1146) ; beaux chapiteaux ; admirable Saint-Sépulcre à sept statues, du XVIᵉ siècle ; restes de peintures ; mausolée d'un chevalier. — Tombelle.

Hilaire-Saint-Florent (Saint-), canton (Sud) de Saumur. ➤ Dolmen. — Débris d'un cromlech dit pierre de Saint-Julien. — Au Puy-Giraud, source incrustante, au fond d'une grotte ornée de stalactites. — *V.* Saint-Florent.

Hôtellerie-de-Flée (L'), canton de Segré. ➤ Ruines de la chapelle des Anges (XVᵉ siècle).

Huillé, canton de Durtal. ➤ Fontaine incrustante.

Ingrandes, canton de Saint-Georges. ➤ Pont sur la Loire.

Jallais, canton de Beaupréau. ➤ Château de la Chaperonnière (XVᵉ au XVIᵉ siècle).

Jarzé, canton de Seiches. ➤ Château bâti par Jean Bourré, ministre des finances de Louis XI, reconstruit au XVIIIᵉ siècle, et restauré depuis 1793 ; on y domine un vaste horizon ; curieux portraits. — Jolie église du XVᵉ au XVIᵉ siècle ; boiserie ornée de sculptures bizarres ; crypte. — Dolmen de la Roche-Thibault.

Jean-de-Mauvrets (Saint-), canton des Ponts-de-Cé. ➤ Dans un parc, ancienne église du XIᵉ siècle ; flèche élancée. — Château ruiné de Mécrain, avec double ceinture de murailles et fossés ; ancien pont levis protégé par deux tours crénelées. — Château d'Avrillé (XVIᵉ et XVIIIᵉ siècles).

Juigné-sur-Loire, canton des Ponts-de-Cé. ➤ Église, beau chœur du XIIᵉ siècle.

Jumellière (La), canton de Chemillé. ➤ Château moderne des Buhards.

Lambert-la-Poterie (Saint-), canton (Nord-Ouest) d'Angers. ➤ Château de la Colleterie (XVIIIᵉ siècle) ; à la chapelle (moderne), remarquables vitraux du XVIᵉ siècle, provenant d'une ancienne église. — Près de ce château, dolmen dit Maison-des-Fées, composé de deux chambres recouvertes de gros

Château de Montreuil-Bellay.

blocs de 4 à 5 mètres de largeur.

Lande-Chasle (La), canton de Longué. ⟫⟶ Remarquables sculptures modernes dans l'église. — Menhir.

Lasse, canton de Noyant. ⟫⟶ Château de Launay-Bafer. — Ancien château du Bouchet.

Lion-d'Angers (Le), chef-lieu de canton. ⟫⟶ Église du XIᵉ siècle (monument historique). — Beau château de l'Île-Briant (XVIIIᵉ siècle).

Longué, chef-lieu de canton. ⟫⟶ Église moderne (style du XIIIᵉ siècle), admirablement située. — Beau château d'Avoir (Renaissance); chapelle gothique. — Château de la Cirottière (XVᵉ siècle); curieuse chapelle avec transsept, du XIIIᵉ siècle.

Loroux (Le), commune de Vernantes. ⟫⟶ Belles ruines d'une abbaye fortifiée des XIIᵉ et XIVᵉ siècles.

Louerre, canton de Gennes. ⟫⟶ Dolmen.

Louresse-Rocheménier, canton de Doué. ⟫⟶ Deux dolmens.

Louroux Béconnais (Le), chef-lieu de canton. ⟫⟶ Ruines de l'abbaye de Pontron, fondée en 1134.

Macaire (Saint-), canton de Montfaucon. ⟫⟶ Beau menhir de la Bretellière, haut de 7 mètres.

Marcé, canton de Seiches. ⟫⟶ Cromlech près de la métairie de Rocherieux.

Martigné-Briand, canton de Doué. ⟫⟶ Ruines pittoresques d'un château fort du XVIᵉ siècle, qui entourent l'église, couronnée elle-même de mâchicoulis; hautes cheminées. — Menhir, haut de 4 mètres, debout près de quatre autres menhirs couchés, restes d'un cromlech ou d'un alignement.

Martin-d'Arcé (Saint-), canton de Baugé. ⟫⟶ Menhir. — Église du XIᵉ siècle.

Martin-de-la-Place (Saint-), canton (Nord-Ouest) de Saumur. ⟫⟶ Manoir de Boumois (XVIᵉ et XVIIᵉ siècle), où naquit et habita Du Petit-Thouars, le héros d'Aboukir; admirables vitraux dans la chapelle.

Martin-du-Bois (Saint-), canton de Segré. ⟫⟶ Dolmen dans le bois des Deffais. — Charmant manoir du Per-

cher (commencement du XVIᵉ siècle); jolie chapelle du XIIᵉ siècle.

Maulévrier, ville du canton de Cholet. ⟫⟶ Château moderne. — Église renfermant de beaux vitraux du XIIIᵉ siècle.

Maur (Saint-), V. le Toureil.

May (Le), canton de Beaupréau. ⟫⟶ Belle église du XVᵉ siècle; clefs de voûte peintes et sculptées; belle statue de saint Michel.

Mazé, canton de Beaufort-en-Vallée. ⟫⟶ Église du XIVᵉ siècle, restaurée. — Château de Montgeoffroy, bâti par le maréchal de Contades; deux tours et chapelle du XVIᵉ siècle; dans la chapelle, tombeau du maréchal.

Meignanne (La), canton (Nord-Ouest) d'Angers. ⟫⟶ Beau dolmen de Fessine. — Peulvan à la Roche.

Ménitré (La), canton des Ponts-de-Cé. ⟫⟶ Manoir bâti par le roi René.

Méron, canton de Montreuil-Bellay. ⟫⟶ Tombelle.

Miré, canton de Châteauneuf. ⟫⟶ Dolmen servant d'écurie. — Dans l'église, peinture sur bois et lambris du XVᵉ siècle.

Montfaucon, chef-lieu de canton. ⟫⟶ Deux églises du XIIIᵉ siècle.

Monguillon, canton de Segré. ⟫⟶ Débris d'un cromlech : il reste debout trois menhirs ou peulvans, dont l'un a 4ᵐ,30 de hauteur. — Dolmen.

Montilliers, canton de Vihiers. ⟫⟶ Château moderne de Tirepoil.

Montreuil-Belfroi, canton (Nord-Ouest) d'Angers. ⟫⟶ Curieux manoir de la Déablère (XVIᵉ siècle).

Montreuil-Bellay, chef-lieu de canton, au sommet d'un coteau escarpé, sur la rive droite du Thouet, dans un site charmant. ⟫⟶ Beau pont en pierre. — Deux tombelles énormes, qui passent pour les plus belles du département. — Du château construit par Foulques Nerra (V. *Histoire*), il ne reste qu'une grosse tour ronde, qui a été remaniée dans la suite; le château actuel est une imposante demeure féodale du XVᵉ siècle (mon. hist.), magnifiquement restaurée de nos jours: un pont a été jeté sur les fossés, les herses ont été rétablies entre les deux

tours et sous les voûtes de l'entrée.
Donjon d'où l'on découvre une vue admirable. — L'église, autrefois collégiale
(monument historique), jointe au château, date comme lui du xv° siècle. —
Vastes et curieuses cuisines du chapitre
(xv° siècle).

Montrevault, chef-lieu de canton.
⟫⟫⟶ Tombelle, haute de 13 mètres.

Montsoreau, canton (Sud) de Saumur. ⟫⟫⟶ Au bord de la Loire, beau
château de la Renaissance (mon. hist.),
à double façade; mâchicoulis et cré-
neaux; jolie tourelle ornée d'arabes-

Escalier du château de Montsoreau.

ques. — Ruines de l'église Sainte-Croix
(xii° siècle).

Morannes, canton de Durtal. ⟫⟫⟶
Église du xii° siècle.

Mouliherne, canton de Longué. ⟫⟫⟶
Curieuse église des xi° et xiii° siècles
(mon. hist.), restaurée; voûtes remarquables. — Dans le cimetière, curieux
ossuaire en forme de crypte surmonté
jadis d'un fanal (xii° siècle).

Murs, canton des Ponts-de-Cé. ⟫⟫⟶
Aux Châtelliers, mur circulaire romain (?), sous lequel est creusée dans
le roc une large grotte. — Église d'Érigné (xi° siècle); charpente sculptée du
xv° siècle. — Vue imposante de la Ro-
che-de-Murs.

Noyant, chef-lieu de canton.

Nueil-sous-Passavant, canton de
Vihiers. ⟫⟫⟶ Église intéressante des

x*, xi* et xii* siècles. — Château ruiné de la Boissonnière (xve siècle).

Nyoiseau, canton de Segré. ⟫⟶ Belles ruines d'une abbaye de femmes (xiie siècle).

Passavant, canton de Vihiers. ⟫⟶ Église du xi* siècle. — Château ruiné des xive et xviie siècles, avec fossés.

Pierre-Montlimart (Saint-) canton de Montrevault. ⟫⟶ Motte avec fossé. — Château moderne de la Bellière (style de la Renaissance).

Pin-en-Mauges (Le), canton de Beaupréau. ⟫⟶ Ruines du château de la Jousselinière (xve et xvie siècles). — Manoir de la Blonnière; belle cheminée de la Renaissance.

Plessis-Bourré (Le), V. Écuillé.

Plessis-Grammoire (Le), canton (Nord-Est) d'Angers. ⟫⟶ Église du xiie siècle; sculptures intéressantes.

Plessis-Macé (Le), canton (Nord-Ouest) d'Angers. ⟫⟶ Magnifiques ruines d'un château du xve siècle; larges fossés; trois belles tours cylindriques; fort donjon carré; jolie chapelle

École de cavalerie de Saumur.

du xve siècle; balustrades élégantes dans les principales salles; parc immense.

Pontigné, canton de Baugé. ⟫⟶ Église du xiie siècle (monument historique), avec peintures.

Ponts-de-Cé (Les), chef-lieu de canton. ⟫⟶ *Église Saint-Aubin* (xiie et xve siècles; belles peintures murales et vitraux des xve et xvie siècles). — Dans l'*église Saint-Maurille*, moderne, belles stalles du xvie siècle et curieux tableaux du xviie siècle. — *Église de Sorges*, chœur (1535) sculpté. — *Ponts* célèbres, reconstruits en 1846 et 1863. — *Château* (mon. hist.) du xve siècle.

Potherie (La), canton de Candé.

⟫⟶ Magnifique château moderne du style de la Renaissance.

Pouancé, chef-lieu de canton. ⟫⟶ Ancien château fort en ruines. — Beau château moderne de Trézé.

Pouèse (La), canton du Lion-d'Angers. ⟫⟶ Beau tumulus.

Puy-Notre-Dame (Le), canton de Montreuil-Bellay. ⟫⟶ Église (monument historique) du xvie siècle; trois tours à flèches de pierres; dans le trésor, relique célèbre connue sous le nom de ceinture de la Vierge.

Rémy-la-Varenne (Saint-), canton des Ponts-de-Cé. ⟫⟶ Église romane, restaurée. — Restes d'un prieuré: belles cheminées ; fenêtres avec sculptures peintes (XVI° siècle) ; dans la chapelle, fresque du XI° siècle.

Rosiers (Les), canton (Nord-Ouest) de Saumur. »»—→ Pont suspendu sur la Loire. — Église du XIII° siècle ; remarquable clocher du XV° siècle.

Salle-de-Vihiers (La), canton de Vihiers. »»—→ Beau couvent (maison - mère) des sœurs de la Charité du Sacré-Cœur ; élégante chapelle ogivale (vitraux remarquables).

Saumur, chef-lieu d'arrondissement et de trois cantons, sur la rive gauche et sur une île de la Loire. — Deux beaux *ponts* modernes. — Célèbre *école de cavalerie*, installée dans une des plus belles casernes qui soient en France. — *Château* des XII°, XIII° et XIV° siècles (monument historique), converti en arsenal et en poudrière. —Charmant *hôtel de ville* gothique, des XVI° et XIX° siècles, renfermant un petit musée. Vis-à-vis s'étend un jardin public orné d'une belle statue de marbre. — Curieux *hospice de la Providence* (1872), dont plusieurs salles sont creusées dans le roc. — Deux belles *tours* (XV° siècle), restes des fortifications. — *Théâtre* flanqué de colonnades corinthiennes. — Beau bâtiment moderne servant à la *poste*

et au *télégraphe*. — *Maison* dite de la reine Cécile (de Sicile). — *Église Saint-Pierre* (monument historique) des XII°, XV° et XVII° siècles, possédant de curieuses tapisseries.— *Notre-Dame-de-Nantilly* (XI°, XII° et XV° siècles), (monument historique), possède aussi des tapisseries anciennes ; curieuse épitaphe de Tiphaine, nourrice du roi René. — *Saint-Nicolas*, bel édifice du XII° siècle, a subi de nos jours de grands remaniements ; son beau clocher est moderne. Près de Saint-Nicolas s'élève une curieuse *pyramide* funéraire du XII° siècle, enclavée dans des maisons particulières. — La *chapelle Saint-Jean* est un charmant spécimen de l'art angevin de la fin du XII° siècle. — *Notre-Dame-des-Ardilliers* est dominée par une somptueuse coupole du XVII° siècle. — *Temple protestant*, d'ordre dorique grec.

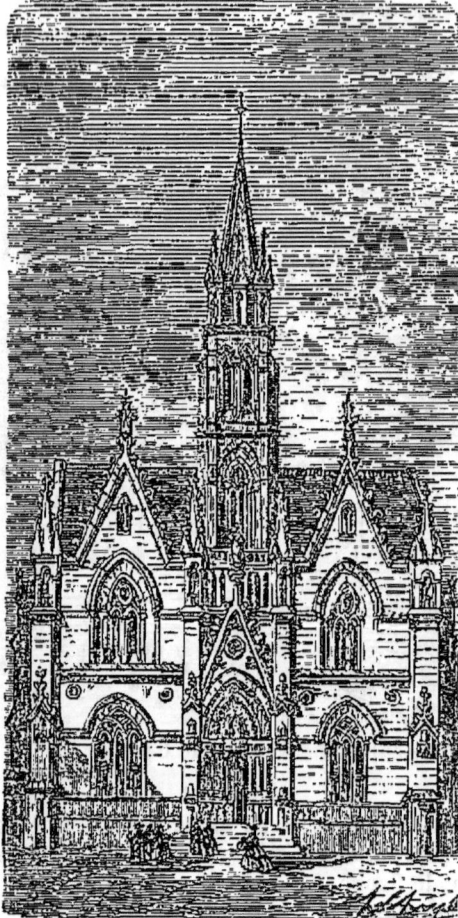

Église de Tiercé.

Savennières, canton de Saint-Georges-sur-Loire. »»—→ Église (mon. hist.) en partie du IX° siècle ; façade très-curieuse, où la brique, mêlée avec la pierre, forme de curieux dessins. — Dans l'église d'Épiré, deux tableaux sur cuivre du XVII° siècle, et un curieux chapiteau roman.

Segré, chef-lieu d'arrondissement, en confluent de la Verzée et de l'Oudon.

➨ Ruines du château et restes d'une chapelle (xiᵉ siècle), sur lesquels a été bâtie une belle église.

Seiches, chef-lieu de canton. ➨ V. le Verger.

Serrant, commune de Saint-Georges-sur-Loire. ➨ Magnifique château des xviᵉ, xviiᵉ et xviiiᵉ siècles, dont la chapelle, bâtie par Mansart, renferme le mausolée de Nicolas Bautru, chef-d'œuvre du célèbre Coysevox.

Soucelles, canton de Tiercé. ➨ Beau dolmen.

Soulaire, canton de Tiercé. ➨ Dans l'église, anciens vitraux. — Château du Bois (xviiiᵉ siècle); tapisseries et portraits remarquables des xviᵉ et xviiiᵉ siècles; jolie statue.

Soulanger, canton de Doué. ➨ Château ruiné.

Sylvain (Saint-), canton (Nord-Est) d'Angers. ➨ Beau château d'Écharbot, avec chapelle.

Souzay, canton (Sud) de Saumur. ➨ Église du xvᵉ siècle.

Tessoualle (La), canton de Cholet. ➨ Manoir de la Cour (xvᵉ et xviᵉ siècles).

Thouarcé, chef-lieu de canton. ➨ Château ruiné de Sanzay, construit au xiiiᵉ siècle.

Tiercé, chef-lieu de canton. ➨ Magnifique église moderne, style ogival; clocher haut de 55 mètres.

Tigné, canton de Vihiers. ➨ Ancien château des xivᵉ et xvᵉ siècles, restauré.

Torfou, canton de Montfaucon. ➨ Rocher branlant de la Pierre-Tournisse, où se voient des bassins et des rigoles creusés de main d'homme. — Colonne élevée en mémoire de la bataille de 1793 (V. Histoire).

Tour-Landry (La), canton de Chemillé. ➨ Menhir.

Toureil (Le), canton de Gennes. ➨ Église du xiiiᵉ siècle; beau clocher. — Sur le bord de la Loire, ruines de la célèbre abbaye de Saint-Maur, servant de ferme; grand bâtiment du xviᵉ siècle; chapelle du xiiᵉ siècle

(inscriptions curieuses). — Tour de Galles, donjon du xiᵉ siècle.

Trélazé, canton (Sud-Est) d'Angers. ➨ Ardoisières célèbres.

Trémentines, canton de Cholet. ➨ Menhir et tombelle.

Trèves-Cunault, canton de Gennes. ➨ Église en partie romane; beau tombeau du xvᵉ siècle, avec statue. — Magnifique donjon (mon. hist.) bâti en 1431, haut de 53 mètres, et composé de deux tours, l'une carrée, l'autre cylindrique. — Belles ruines de la chapelle Saint-Maxenseul (xiiiᵉ siècle). — Prieuré de Saint-Macé (monument historique du xiiᵉ siècle), bâti sur édifice antérieur, dont les murailles, encore subsistantes, coupées de cordons de briques avec petites pierres échantillonnées, sont chargées d'inscriptions lapidaires en vers latins; à l'intérieur, restes de belles fresques. — V. Cunault.

Varrains, canton (Sud) de Saumur. ➨ Menhir et dolmen.

Verger (Le), commune de Seiches. ➨ Restes d'un magnifique château de la Renaissance; vaste parc.

Vernantes, canton de Longué. ➨ Château de Jalesnes (xviᵉ et xviiᵉ siècles); vaste parc; larges fossés. — V. le Loroux.

Vernoil-le-Fourrier, canton de Longué. ➨ Église des xiᵉ et xivᵉ siècles. — Château de la Ville-en-Fourrier.

Vieil-Baugé, canton de Baugé. ➨ Château de Landifer, flanqué de quatre belles tours, avec fenêtres bordées de riches arabesques (xviᵉ siècle).

Vihiers, chef-lieu de canton. ➨ Restes d'un prieuré, d'une église et d'un château. — Motte féodale. — Tombelle haute de 24 mètres.

Villedieu, canton de Beaupréau. ➨ Beau chêne de la Grange, dans l'intérieur duquel a été construite une chapelle. — Au cimetière de la Blouère, tombes des xivᵉ et xvᵉ siècles; deux croix du xvᵉ siècle.

Villevêque, canton (Nord-Est) d'Angers. ➨ Ancien château épiscopal.

PARIS. — IMP. SIMON RAÇON ET COMP., RUE D'ERFURTH, 1.

Dressé par ADOLPHE JOANNE

Les chiffres indiquent la hauteur en mètres au-dessus du niveau de la mer

SIGNES CONVENTIONNELS

CHEF-LIEU DE DÉP.T

CHEF-LIEU D'ARRONDT

Chef-lieu de Canton

Commune

Ville Épiscopale

Route Nationale

Route Départementale

Chemin Vicinal

Chemin de fer en exploitation

id. projeté

Canal

Limite de Département

id. d'Arrondissement

id. de Canton

Échelle Métrique (1/500000)

Impr.t chez Erhard, 12 rue Duguay-Trouin — Librairie Hachette et Cie à Paris — Paris Imp. E. Desfossez, 76 rue du Four S.t

PARIS. — IMP. SIMON RAÇON ET COMP., RUE D'ERFURTH, 1.